CHEERS

与最聪明的人共同进化

HERE COMES EVERYBODY

CHEERS
湛庐

新任管理者快速成长手册

BRINGING UP THE BOSS

[美]蕾切尔·帕切科（RACHEL PACHECO）著　宋瑶 译

浙江教育出版社·杭州

你是不是一名高效管理者？

扫码加入书架
领取阅读激励

扫码获取全部测试题
及答案，
一起看看你是不是一
名高效管理者

- 如果一名管理者总抱怨自己的下属不积极主动，你可以给他的建议是：（ ）

  A. 将下属调离部门或者裁撤

  B. 增加开会和沟通的频率

  C. 让团队成员互相竞争，末位淘汰

  D. 明确一个可衡量的"积极主动"的标准

- 以下能帮助团队成员更好地找到工作意义的安排是：（ ）。

  A. 安排重复性强的工作

  B. 让团队成员只负责某个环节的工作

  C. 给团队成员表达情绪的安全空间

  D. 营造信息完全透明的工作氛围

- 作为管理者，你需要制定能真正激励团队的目标，以下目标更合理有效的是：（ ）。

  A. 尽你所能招到合格的员工

  B. 给公司带来 2 000 万元的收入

  C. 签约 20 笔订单（未完成扣除 10% 的工资）

  D. 在下个季度招到 6 名合格的工程师

扫描左侧二维码查看本书更多测试题

BRINGING UP
THE BOSS

推荐序 1

新任管理者的成长宝典

况阳
资深组织发展专家，OKR 深度实践专家

湛庐邀请我为这本书写篇推荐序，我诚惶诚恐。从业多年来，我虽出版过《盖亚组织》《绩效使能》《真 OKR》三本管理领域的书，积攒了一些影响力，但我很少为他人作品写推荐序。"非不能也，实不为也"。我一向认为，花香自有蝴蝶来，好书不用推荐，而不太好的书，推荐了也没用，读者的眼睛都是雪亮的。不过，当这本书的预读本摆在我面前时，我的态度有了 180 度的大转变。这是一本难以拒绝的书，读完之后，"漫卷诗书喜欲狂"，我总想分享点什么。

这本书的开篇就深深地吸引了我。开篇谈的是如何让员工创造更高的绩效。这是管理者永恒的课题。所谓管理者，不是要事事亲力亲为，而是要通过指导下属去达成结果。作者以亲身经历为例，分享了自己初为管理者时所犯的一个错误。和很多新任管理者一样，她发现一名下属一直绩效表现不佳时，不得不请这名下属离开。讽刺的是，这名被请走的下属后来成功进入了美国最高法院，而作者供职的公司最终却走向了破产。所以，不是下属能力不行，而是他没有得到很好的任用。

反思这段经历，作者说，下属的离开她难辞其咎，根本原因是她没有为下属"设定明确的岗位期待，也没有给予他有效的即时反馈，更没有做什么支持他职业发展的事"，多么深刻的领悟！

这段刻骨铭心的经历，促使作者决定去找寻能让新任管理者快速成长的锦囊，以避免更多的人重蹈覆辙。作者强调说，对管理者而言，绩效管理非常重要，无论是管理员工个人绩效还是管理团队绩效，都很重要。我非常赞同这一说法。在人力资源的所有领域中，我在绩效管理领域从业时间最长、洞悉最深，所以当作者这样说时，我感觉自己找到了知音，有种相见恨晚的感觉。

除此之外，作者还分享了激励员工的四个小妙招，分别是完善激励机制、制定并合理有效地使用目标、向员工明确薪酬体系和用好"晋升方程式"。应该说，这四个小妙招构成了一套组合拳。

我在目标管理领域耕耘多年，曾作为目标管理专家在华为和腾讯内部推行过 OKR，也曾作为外部顾问帮助不少企业推行过 OKR，因此我对这一话题太有发言权了。如作者所言，目标确实可以激发员工灵感，激励员工行动，让员工欢欣鼓舞。管理者的一大职责是要帮助团队和员工定好目标。目标定好后，结果不会自然生成，还需要员工的持续努力，而这离不开激励。关于激励，作者谈了三种：一种是薪酬激励，这是物质激励；一种是薪酬以外的非物质激励；还有一种是晋升，这是机会激励。三者需要组合使用，不可偏废。作者在这部分提出的晋升方程式非常有意思，他指出，"晋升 = 绩效突出 + 超越同级 + 岗位空缺"，认为晋升不是组织或个人单方面的一厢情愿，而必须是个人表现优异且组织正好需要时的举措，这能让员工看到清晰的晋升路径，激励他们努力拼搏。每个组织都应该有一个类似这样的晋升方程式。

作者在这部分给出了很多忠告。例如，在谈到目标时，她说，目标需要坚持，但不要有执念，就像练习瑜伽一样，"不要让完成目标成为努力的唯一理由"。事实上，作者这是在告诫大家不要唯KPI论。在谈到薪酬的激励作用时，她告诫管理者，除了要知道"什么时候钱是管用的"，还需要知道"什么时候钱也不管用"，雷·菲斯曼（Ray Fisman）曾在《组织的逻辑》（*The ORG*）一书中说，组织的本质，就是要做平衡，这一思想在本书作者这里得到了淋漓尽致的体现。管理既是科学，也是艺术。

作者专门用一个章节的篇幅，强调管理者要致力于"让员工拥有工作的意义感和成就感"。从我多年的组织从业经验来看，这部分非常重要，但恰恰也是管理者最容易忽视的地方。意义感、成就感、价值感等，初看起来有点虚无缥缈，看不见也摸不着，但正是这些隐性的东西，才是员工内心深处真正的力量源泉。现今职场中充斥着各种不开心、愤懑、抑郁等情绪，多半是因为工作没有给予人们意义感——工作只是一种负担，只是他们为了生活不得已而为之的生计。可以想见，在这样的工作氛围下，何谈组织活力？又何来发自内心的创造力？朱熹道："问渠那得清如许，为有源头活水来。"组织活力的源头"活水"，是工作的价值和意义，管理者一定不要忽视。

作者在第5篇介绍了激活团队活力的四个小妙招，我非常认同。在腾讯工作期间，我做过一个高战斗力团队研究项目。这个项目有些像谷歌开展的著名的氧气计划。只是，氧气计划的研究对象是谷歌的管理者，而腾讯高战斗力团队研究项目针对的是腾讯的管理者。我们的研究发现，对腾讯这样的产品型组织来说，管理者一方面要为团队成员营造安全感，鼓励大家积极发声，另一方面也要敢于直面团队中的冲突。在面对不可避免的团队冲突时，管理者要做到"不捂盖子，不和稀泥"。所以，当我看到作者也谈到这一点时，又有种英雄所见略同的畅快感。

作者眼里是有人的。她没有把管理者当成是实现组织目标的工具，而是把他们视为活生生的人。正是抱持这样的初心，才让她在书的末尾去特别关照管理者自身的发展。她鼓励管理者勇敢地做自己，既要向上展现自信，也要向下暴露弱点，还应秉持同理心。最令我吃惊的是，作者还建议管理者要随时审视各种机会，不要在一棵树上吊死，要关注自己的职业发展，当发现更好的发展机会时不要恋旧，要果断做出去留的决定。

说实话，当我读到这部分时，我被作者的这种真诚打动了。大多数类似的书是不可能这样写的，它们只会力劝新任管理者要在一个岗位上忍耐、坚持，不要轻易跳槽，因为这个时候管理者还没有为组织创造出真正的价值。仔细回忆过往我阅读过的类似书籍，似乎只有本书作者给出了如此率真的建言。正是这一立场，让整本书变得越发适合新任管理者。它不仅能帮助新任管理者在当下组织中成功，还能帮助他们在职场中一直成功！

我似乎谈得有些多了，我得控制下自己的思绪。当我准备合上《新任管理者快速成长手册》一书时，我特意数了数，全书分享的新任管理者必须做好的事一共有 25 件，每一件都非常具体，没有长篇说教。作者害怕管理者学不会，还在全书最后附上了一个实用的工具箱，一共 13 件宝贝，完全可以拿来即用！

我隆重地向各位新任管理者推荐这本书！祝福所有新任管理者在这本书的帮助下，早日成为优秀管理者！

BRINGING UP
THE BOSS

推荐序 2

为新一代管理者赋能

姚琼
OKR 教练，人力资源绩效管理专家

湛庐邀请我为这本书写序，我非常荣幸。在过去的十年，我一直在国内推广 OKR 工作法，我和许多初涉管理的同学有过深入的交流，他们中的大多数在走上管理岗位时，对于如何成为一名卓越的管理者是毫无头绪的。市面上虽然有海量的管理类文章和图书，但真正写给第一次成为管理者的少之又少，更不要提写得既鲜活又有趣了，而这正是这本书最吸引人之处。

这本书的实用性无疑是其最突出的特点。一系列实操性强的工具贯穿全书，如岗位期待设定、个人发展计划、面试流程等，它们可直接应用于日常管理工作之中。作者从实际操作的角度出发，确保了内容对新上任的管理者极具参考价值。书中所提供的建议和策略均源自作者丰富的管理实践，旨在针对管理者在日常工作中遇到的实际问题提供解决方案，而不像一些传统管理图书那样只重理论知识的传授。

书中不仅用真实的案例和生动的故事展现了管理理论在实践中的运用，而且清晰的结构和富有逻辑的内容组织使每个章节都能专注于一个具体的管理议题，方便读者系统学习并将管理知识应用到实践中。作为管理工具书，它的可读性尤为出色。

在教育意义上，这本书不限于提供管理技巧的指导，还深入剖析了管理行为背后的心理学基础，为读者揭示行为背后深层的心理动因。

此外，作者用一种轻松幽默的笔法撰写，使得书中内容生动易懂，亲切感十足。书中通过分享个人的经历和故事，引用其他管理者的见解和体会，让读者能感同身受，体会到管理之旅的挑战与乐趣。

书中第一部分深入探讨了如何高效引导员工工作，突出了管理者在激发员工潜力、推动个人发展及赋予工作意义上的关键作用。通过建立有效沟通、提供积极反馈和给予必要支持，管理者可以极大地提升团队的整体绩效。

第二部分则着眼于高效团队管理与领导的艺术，保障团队合作默契、沟通流畅与整体绩效卓越，突显了管理者在打造团队文化、促进团队协同以及保持团队正向动态上的重要职责。恰当的团队管理能够确保所有团队成员齐心协力地完成组织目标，同时在职业生涯中持续成长，保持积极态度。

第三部分聚焦于管理者个人提升的必经之路，囊括了个人发展、职业规划及与上级和团队成员之间的有效沟通等方面，强调了在领导他人之旅上，先要成为自我管理的佼佼者。通过自省、终身学习和主动沟通，管理者将更加透彻地认清自己的角色，增强管理能力，并在自己的职场旅程中做出明智抉择。

对于不同角色的读者来说，这本书的价值可以是多方面的。

新任管理者可以把这本书当作一个实用的管理工具包。它像是一个全面的指南，且提供了具体的工具和策略，新任管理者可以立即应用。对于那些正在形成领导力但感到被众多责任压垮的人来说，这些非常有价值。与此同时，它也会像一剂强心剂，通过提供清晰的步骤和可行的建议，帮助新任管理者更加自信地应对挑战。

初创企业的管理者可以把这本书当作特定的指导手册。它根据初创企业环境快节奏的特点为管理者量身定制了一些建议，能够帮助他们应对可能面临的独特挑战和机遇。

管理者个人还可以通过这本书实现自我成长。书中强调了自我管理的重点：自我发展和管理他人对新任管理者至关重要。学会管理时间、建立品牌和应对复杂情况可能是无价的。

有经验的管理者可以通过这本书更新自己的视角，重新审视管理的核心概念并获得全新的有价值的见解。这本书的实用方法和创业重点可能会为现有知识引入新的角度和工具。管理者可以向渴望担任领导角色的团队成员推荐这本书，为他们提供结构化的学习路径，并有可能培养组织内的未来领导者。

归结而言，这本书能够赋予新老管理者以知识、工具和信心，帮助他们有效应对领导力的复杂性。通过吸取书中的经验教训，管理者可以促进团队动态、团队沟通，推动团队成果的达成，装配强大的领导技能，并为自己的职业发展打开大门。

我最近发布的公众号文章也总结了 2024 年的人力资源趋势，"下一代管理者已经到来"便是趋势之一。随着 Z 世代在职场中扮演越来越重要的角色，组织需要采取措施，为他们提供发展和成功的机会。这包括提供必要的培训和指导，阅读这本书就是一个很好的选择。例如，它强调使用数据和分析来做出决定，这与Z世代重视数据驱动决策的期望相符；它探讨了如何创建灵活的工作环境，同时保持高水平的绩效，这可以满足Z世代对工作生活平衡的追求；它强调创建具有包容性的工作环境的重要性，这与Z世代重视多元化和包容性的价值观相一致。

"领导力不是职位，而是行动。"彼得·德鲁克的这句话完美地体现了《新任管理者快速成长手册》这本书的核心价值：**不仅提供理论知识，而且提供实用的行动指南。这本书不仅适用于下一代管理者，也适用于所有想要提高管理技能的人。**最后，希望通过阅读这本书，新任管理者们都可以学习如何将领导力付诸实践，并带领团队取得成功。

BRINGING UP
THE BOSS
序言

从新任管理者到高效管理者

多年前,我在一家发展中的小型初创公司担任首席人才官。在工作的第一周,我和一位名叫桑迪的同事一起喝了次咖啡。她是两年前加入这家公司的,那时公司里只有5人。① 桑迪是个镇定自若、对业务了如指掌的人,在工作中表现出色。她最初是以应届生的身份进入这家公司的,两年后已经成了4名新员工的领导,其中有人比她还年长。就在我们一起喝咖啡的前几天,她第一次收到了下属对她做的绩效评估的结果。桑迪的下属一致认为:她是一位糟糕的领导。桑迪一边喝着燕麦牛奶拿铁,一边念出她作为管理者所犯下的一连串"罪行"——其中大多数都是她完全没有意识到的。

仔细想来,这件事并不奇怪。桑迪来这家公司之前并没有任何工作经验,更别提管理方面的经验了。桑迪也未曾和经验丰富的上级领导共事,因此她缺少可以效仿的对象。而我们公司是一家刚刚起步的小型初创公司,没有那么多

---

① 本书中涉及的所有人名均为化名,涉及的案例或故事也在事实的基础上有所改动。

资金来让新任管理者参加高管培训课程，也没有什么内部管培课程提供给他们。作为一个没有什么经验的管理者，桑迪一定很痛苦，她拼命地想要挣脱这种困境。更糟糕的是，在桑迪一边挣扎一边管理团队的同时，她的团队成员也饱受痛苦。

桑迪的经历并非个案。通常情况下，公司不会等我们完全准备好，才把我们提拔到管理岗位上。这种情况在快速扩张的中小型初创公司中尤为常见。我们所在的组织发展迅速，我们所扮演的角色也需要不断迭代。我们步履蹒跚，竭尽全力，可最终我们的努力却可能让整个团队苦不堪言。不管是在桑迪所在的这家初创公司，还是在其他公司，我总是不断见证这样一个"死循环"：业绩好的人被提拔进管理层，却并没有成为成功的管理者，他的下属也因为对他不满而离职，然后这位新任管理者会为此受挫，开始怀疑自己的能力，甚至怀疑人生……就这样循环往复。

成为一名管理者，意味着要开始承担更大的责任。我们的一举一动，无论好坏，都会对团队成员的工作和生活产生长远的影响。管理者们既有能力帮助他们成长、成才，然后走向卓越，也有可能让他们感到压力巨大、充满困惑，甚至毁掉他们的人生。很多人都遇到过糟糕的管理者，甚至因此而离职——不是那份工作本身不好，而是那位管理者实在让人难以忍受。

在过去 15 年的培训、咨询和教学生涯中，我聆听过许多新任管理者的故事，见证了他们面临过的挑战，收集并总结了他们的经验。在这些人之中，我尤其关注那些在中小型初创公司工作、没有太多"大厂"资源和经验的新任管理者。这些初创公司可能没有太多资金用于培训管理人员，或者送他们去商学院深造，并且雇不起名校商学院的毕业生（实际上，拥有名校商学院的文凭并不等于能成为一名优秀的管理者）。从这些故事和经历中，我总结出了一套行之有效的管理方法，目的就是让新任管理者的工作变得更加轻松。

在成书的过程中，我发现很多商界之外的人也同样会受到糟糕上司的折磨，并且能够学习管理方法的途径往往更少。所以，虽然我写这本书的初衷是为初创公司的新任管理者们提供帮助，但书中也记录了律师、医生、高校管理人员、政府工作人员等行业的人群在特定管理环境中遇到的挑战。

所有公司中的员工和管理者都在尝试以前所未有的线上方式应对工作和生活的冲突。我和本书的出版人马特的第一次会面就是在线上。但你将会发现，书中并没有关于"远程管理"或者"构建团队多元文化战略"的单独章节。这是因为本书的主线非常清晰，那就是如何跨越分歧，实现高效管理，其中已经包括跨越时间和空间的管理，以及多样性团队的管理。成为一名优秀的管理者，就意味着在管理团队的各个环节都能构建一种更具包容性的氛围。受新冠肺炎疫情影响，人们需要居家办公，地点分散，疫情甚至带来了经济或个人生命安全上的不确定性，这些也不会单独用一章来讨论。成为一名优秀的管理者，就意味着无论你的团队在哪里，无论你们是面对面联系还是通过电脑和手机联系，你都能管理好他们。

希望你能在漫长的管理之路上用到这本书。它就像是一部剧本。有些章节，你可能明天就会应用于实践当中；有些章节，你当下可能觉得没什么意义，但随着时间的推移，你终究会想起它们的存在，比如在你第一次聘用（或解雇）一名团队成员时，或者你想要提拔一名高绩效员工时。希望本书在你手里变旧变硬、画满记号、沾满咖啡渍，你也可以把它分享给其他身负责任和压力的管理者、同事或者朋友。

虽然成为管理者并为此承担责任是一件严肃的事，但管理方法却并非如此。我们都是人，在管理上难免会出现失误。也许一开始我们都是糟糕的管理者，但随着时间的推移，我们会走向卓越。本书只是为了提醒你，谁都有把事情搞砸的时候：有时搞砸的方式让人觉得可笑，有时搞砸的次数多到让团队成员愤然离职,而这些都是意料之中的事情。

所以,让我们跳进这个充满混乱、挫败和愤怒,但回报颇丰的管理者的世界吧!在你成为优秀管理者的路上,我很高兴能扮演维吉尔①的角色。

---

① 维吉尔(Virgil),罗马最重要的诗人之一,但丁在《神曲》中以维吉尔为他的老师和带路人。——译者注

BRINGING UP
THE BOSS

前 言

当我们说起管理时，我们在说什么

我和初创公司的高管们进行过很多次如下对话。

高管：我们公司的管理人员不是很懂管理，需要进行培训。
我：具体在哪方面做得最吃力呢？
高管：就是管理啊！

高管和中层管理者想要学习管理，他们想知道这是不是就像学习做计划、策划和运营一样，会有一些非常实用、容易上手的方法，能够尽快在团队中进行实操。或许他们认为，只要利用业余时间，通过在线学习的形式，就可以学会一系列管理步骤或技巧。这听起来是不是很简单？但事实并非如此。

管理是一件很难学会的事。首要原因是，学会管理意味着要学会一大堆事情（见图 P-1）：你要知道什么时候以及如何进行一场关键对话；要明白如何系统地安排工作、处理问题；要明确团队里每一个岗位的使命，并为团队的每一名成员赋能；要给予团队成员具有思辨性和建设性的反馈，还要懂得如何激励和鼓舞他们创造价值……这份学习清单似乎永无止境。

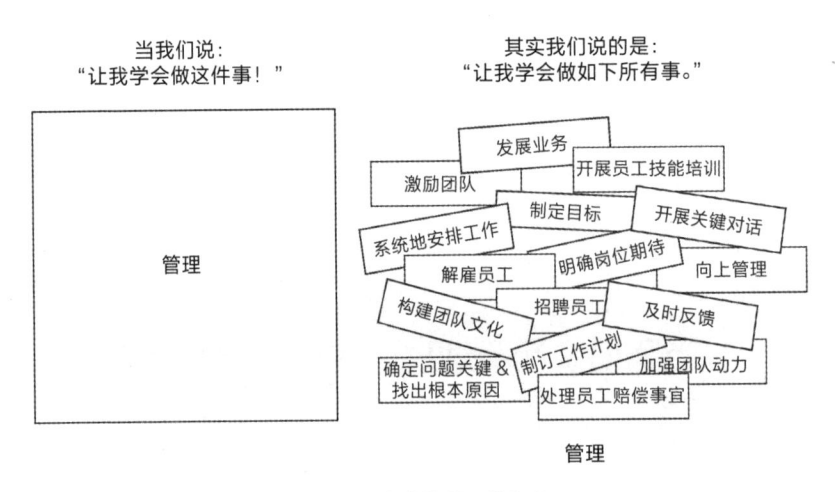

当我们说：
"让我学会做这件事！"

管理

其实我们说的是：
"让我学会做如下所有事。"

发展业务
激励团队　开展员工技能培训
制定目标
系统地安排工作　开展关键对话
明确岗位期待
解雇员工　　　向上管理
构建团队文化　招聘员工　及时反馈
制订工作计划
确定问题关键 &　　　加强团队动力
找出根本原因　处理员工赔偿事宜

管理

图 P-1　"学会管理"的意义

现在你已经知道，管理是一门包罗万象的学问，这也是本书即将展开的内容。但你或许不知道，学习管理的另一个难点是来自时间的挑战。职业生涯发展到现阶段，说明你已经具备优秀的学习能力。你工作出色，而且可能已经获得了数次晋升。但学习管理团队和学习编程、建立细分市场、撰写法律摘要等截然不同。

我们学习管理时往往会处于一种非常紧张的氛围中。也许公司正在快速扩张，跟上公司步伐本身已经非常吃力，而学习管理往往需要大量的时间和实践。在高速发展的组织中，充足的时间和试错的机会都是非常奢侈的。**所以，本书的目的就是让你尽可能快速地了解并实践管理者应该具备的技能和要领。**

接下来的每一章都会讨论一种对优秀管理者来说非常重要的管理行为。比如，你会了解到明确岗位期待是每一个管理者都必须做到的基本行为。而且，还会明白这个行为为什么很重要，以及为什么很难做到。你还会了解到，通常，人们的潜意识中存在偏见或者非理性的倾向，这让人们难以用最高效的方式行事；管理的方法往往与人们的常识背道而驰，比如，过多的金钱奖励可能会让团队成员失去动力，更别提受到激励了。你将在最后且最重要的部分学会如何将管理要领快速应用于日常工作中。

你必须意识到：管理能力就像肌肉一样，需要不断地屈伸和锻炼。因此，本书提供了一些分解动作和一些模板，以便让你快速展开管理实践，形成"肌肉记忆"。如果你是一名工程师，没人会期待你在开工第一天就记住所有产品规格。同样，在成为管理者的第一天，没有人能像熟知剧本一样和下属开展一次完美的绩效谈话，因此本书的正文和附录中都有相关案例指导或者其他方法，它们能帮助你快速实践新技能并持续进步。管理的惊人之处正在于它的回报速度：当你把学会的新技能应用于实践时，会立刻看到结果。比如，下属受到你的影响后，可能会很快变得更有干劲，也可能会很快让你明白自己与他的分享、交流什么用都没有。

乔治敦大学校友会前成员、篮球明星阿伦·艾弗森（Allen Iverson）说过一句话："功夫在平时。"对管理者来说，日常训练的职场就是赛场。所以朋友们，系好鞋带，上场比赛吧！

BRINGING UP
THE BOSS
目录

推荐序 1　　新任管理者的成长宝典

况阳
资深组织发展专家，OKR 深度实践专家

推荐序 2　　为新一代管理者赋能

姚琼
OKR 教练，人力资源绩效管理专家

序　　言　　从新任管理者到高效管理者

前　　言　　当我们说起管理时，我们在说什么

第一部分
管理员工必须做的 13 件事

第 1 篇　　如何让员工创造更高的绩效

01　明确岗位期待　_007

◎ 要明确表达对员工的期望，否则你只会让自己感到失望。

02　建立良性的反馈机制　_015

◎　你不仅有权力，而且有义务给员工提供即时反馈。

03　重塑员工对个人发展的看法　_031

◎　一定要让员工意识到，他们才是自己职业生涯发展的主要责任人。

04　做员工的领导力教练　_037

◎　提出一些值得深思熟虑的意见，见证员工发掘出自己的潜能。

05　制订绩效改进计划　_045

◎　使用绩效改进计划，清楚地向员工阐明如何做才能变得更好。

第 2 篇　如何激励员工充满干劲

06　完善激励机制　_061

◎　就像社交软件一样，你需要把员工的动机与他们的工作匹配起来。

07　制定并合理有效地使用目标　_069

◎　坚持但没有执念，不要让完成目标成为努力的唯一理由。

08　向员工明确薪酬体系　_077

◎　你必须知道什么时候钱是管用的，你更需要知道，什么时候有钱也不管用。

09　用好"晋升方程式"　_087

◎　如果一个员工不能承担更多责任，那么不要让他晋升。

第 3 篇　如何让员工拥有工作的意义感和成就感

10　帮助员工发现工作的意义　_103
◎ 邀请员工一起做工作重塑的小组练习，每个员工都要展示自己的"之前"和"之后"。

11　提供表达情绪的安全空间　_113
◎ 试着提出一些问题来了解员工的真实感受。不要觉得对方回答一句"好的"，就意味着无事发生。

12　学会沟通，持续沟通　_121
◎ 对不同的人重复你想表达的观点，然后再重复，不断重复。

13　尝试提出好问题　_129
◎ 尝试提出一个好问题，它可以让"答案"充满无限可能。

第二部分
管理团队必须做的 8 件事

第 4 篇　如何做好"招聘、面试、入职、离职"管理

14　制定结构化、可持续、无偏见的面试流程　_145
◎ 以同理心面试每一位求职者，使用有效的工具来发掘、筛选和雇用最合适的人才。

15　将面试问题具体到行为　_153
◎ 不要再相信机场测试了，它有助于判断一个人是否可以交朋友，但对招聘毫无价值。

16 认真对待新成员入职这件事 _161

◎ 新成员只会入职一次，你只能利用这一次机会让新成员觉得自己是受欢迎的。

17 与团队成员"和平分手" _167

◎ 谁都有可能是你的人脉，对于离职成员，请展示出你的友善和同理心。

第 5 篇　如何激活团队动力

18 打造高效能团队所需的基石 _185

◎ 所有高效能团队都有相同的两块基石：团队成员的心理安全感、明确的工作规范。

19 让团队成员敢于发声 _193

◎ 在团队中培养一种文化，让敢于发声的人得到公开的赞扬和奖励。

20 学会正确应对团队中的冲突 _201

◎ 冲突是好是坏，要具体问题具体分析，学会正确应对冲突是一项生存技能。

21 有效管理会议 _207

◎ 对待开会要像对待投资人和客户一样谨慎。

第三部分
管理自我必须做的 4 件事

第 6 篇　如何快速胜任管理者角色

22　向上展现自信，向下暴露弱点　_223
◎ 过度展示自信的一面，会显得你像一个独裁者，而独裁者最终都会被推翻。

23　手握权力的同时，也要秉持同理心　_229
◎ "朋友"和"管理者"不是两个互相排斥的身份。

24　做好向上管理　_235
◎ 你要对你的上级负责，如果你们关系不和、信息沟通不畅，就会对你管理的团队造成巨大损害。

25　自我审视，该走还是该留　_243
◎ 在忙于当前岗位的日常工作时，也要主动探寻新的机会。

附　录　　新任管理者的工具箱　_255

BRINGING UP THE BOSS

Practical Lessons For New Managers

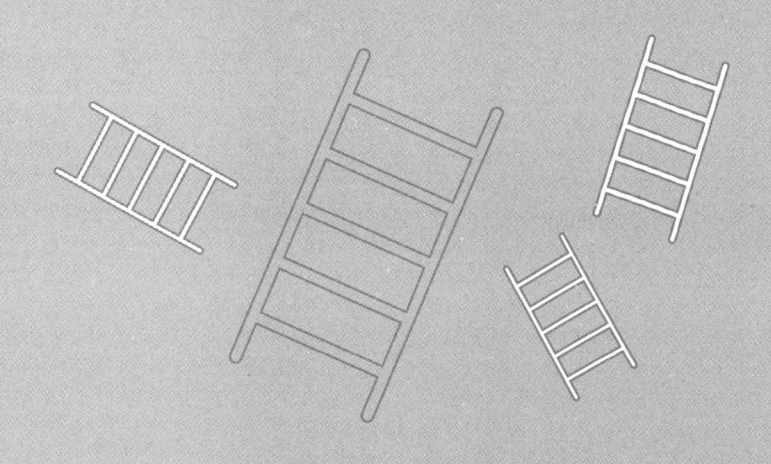

第一部分
管理员工必须做的13件事

BRINGING UP THE BOSS

Practical Lessons For New Managers

第 1 篇

如何让员工创造更高的绩效

BRINGING
UP
THE
BOSS

导读

我刚刚成为管理者时,和下属迈克尔进行了一次艰难的绩效面谈。他很难跟上整个团队的工作节奏,而我有责任将这一切告诉他。我在脑海里反复演练了这次谈话,可是当迈克尔真正坐在我面前时,我还是磕磕巴巴地说了很多废话。我像个混蛋一样告诉迈克尔,他的绩效没有达到标准,他可能不太适合现在的职位。

后来我反思这件事情时意识到,作为一名管理者,我当时既没有为迈克尔设定明确的岗位期待,也没有给予他有效的即时反馈,更没有做什么支持他职业发展的事。在我坐下来和他谈绩效的那一刻,局面已经无法扭转。最终,我不得不让迈克尔离职。毫无疑问,他的低绩效与我的管理经验不足有很大关系,我难辞其咎。不过别担心,迈克尔的结局很圆满。离开我们这家小咨询公司以后,他去了哈佛大学法学院,并最终成为美国最高法院的书记员。咨询公司后来却宣告破产了。

管理者最重要的职责之一就是管理好团队绩效。但是，管理好绩效不佳的下属很难，管理者需要花费大量时间来给予反馈，指导他们进步，并且不断阐述自己对他们的工作期待。管理一个特别"能打"的团队或许更加困难。管理者需要花费大量时间来与他们共事，以确保这些表现优异的下属有足够的自主性和责任心。管理者可能很难给下属们分配更具挑战性的任务，因为管理者很难设定一个足以激励他们奋斗的目标。很少有管理者愿意承认，自己更希望团队是由稳定的"二流球员"组成的。平庸的下属可以让管理者松口气。但不管下属的业务能力是好是坏，绩效管理都会占用管理者的大量时间，这是毫无疑问的。

迈出管理之旅的第一步后，首先要探讨的是员工绩效问题。我会为你解答诸如此类的困惑：如何确定你的下属是否已为达成绩效而全力以赴？当他们的绩效表现不稳定时，你该如何扭转局面？如何让他们具备达成绩效所需的能力和技巧？等等。

BRINGING UP THE BOSS
Practical Lessons For New Managers

01
明确岗位期待

有一年夏天,在一个闷热的星期天的下午,我和好朋友萨拉出去散步消食。我们散步时经常会上演这样的场景:我们一边甩胳膊、扭屁股,一边探讨生活与爱情之类的话题。萨拉分享了一句来自她父亲的"名言":"不能明确表达期望注定会失望。"①

明确岗位期待是最重要的事

这句话既是日常生活的智慧结晶,也是管理学中一个非常重要的概念。你

---

① 这句话出自律师、风险投资家马克·摩根斯坦(Marc Morgenstern)的"摩根斯坦格言"。

在成为管理者后可能会发现,"感到失望"的频率如此之高,即使是看邮件、开视频会议、听汇报时也可能会产生这种感觉。也许你心里经常会冒出这样的话:

这就是你花了一周时间才完成的工作成果?

天哪!你认为做成这样就可以直接拿给客户看了?

是什么让你认为这样就算好了呢?

你以为你只是错过了一艘船,可我看你现在离港口都远着呢!赶紧重做吧!你根本都没走到沿海地区!那艘船在南卡罗来纳,而你人在堪萨斯!

管理也有黑暗面:这是一份时常让人陷入深度沮丧和失望的工作。也许你的团队成员经常摇摆不定,完全无视你对他们的期待。最后你会把本应由他们完成的工作重做一遍,并对他们的能力提出批评,或者你会意识到自己之前真的高估他们了。这种沮丧在初创公司中的影响更为明显,因为这里的工作节奏更快,每个人都在不停重复这样的流程:接项目、拆分项目、完成项目。

管理的另一个黑暗面是,很多令人沮丧的结果都是作为管理者的我们造成的。我们会失望是因为没有给下属设立好明确的、可衡量的岗位期待。甚至很多时候,我们根本说不清对他们的期待究竟是什么。

让我举个例子来说明这一点。一位名叫黛安的高管来找我抱怨,在她负责的销售团队中,有一位名叫拉利特的员工把工作搞得一塌糊涂。黛安在开会时指出,需要继续挖掘潜在客户,拉利特压根没有跟进;至于为什么会这么做,拉利特并无解释;在开发客户上,拉利特也从没有做出自己的贡献。总而言之,他不是一个积极主动的员工,这一点让黛安非常头疼。

也许你听到这里会拍一下自己的脑袋,说一句:"我知道为什么会这样!我知道黛安哪里没做好了!因为她从来没有告诉拉利特需要积极主动!"事实上,黛安告诉过拉利特不止一遍"你需要更加积极主动一些",但黛安从来没有明确地指出，做成什么样才符合她心中的"积极主动"标准。也就是说，她没有明确地告诉下属她对这个岗位的期待是什么。拉利特很想积极主动，但是他毫无头绪。

明确岗位期待，对管理者来说是最重要的事。这听起来是个很简单的概念，但是很多管理者（尤其是管理新手）很难表达清楚对下属的期待是什么。尤其是当下属们都处于职业生涯的初级阶段（甚至从事第一份工作）时，如果管理者不能明确岗位期待，那么这对下属的职业生涯发展是非常不利的。

别指望靠什么读心术之类的手段来管理团队。**想要成为一名优秀的管理者，就必须为团队成员设定明确的、可衡量的岗位期待。**不过，在开始讨论明确岗位期待的技能要领之前，我们必须弄清楚：为什么这件事对管理者来说如此困难？

难以明确岗位期待的两个原因

原因1，害怕成为事必躬亲的管理者

你很努力，也很沉着，你希望获得每个团队成员的喜爱，所以你给了他们自由度和灵活度。很多职场人喜欢初创公司的原因就是，他们无须面对传统公司中的老板角色，只有一个"稍微年长一点而且很友善的人"来定期检查他们的工作。而你现在就是这个人！事实上，你一定不止一次看到过这种概念（本书中也会提到）：放手是最好的管理方式。你绝对不想成为一个事必躬亲的管理者。你心里也清楚，重要的是告诉下属们"为什么要做某事"，而不是"具体怎么做"。你最大的担忧就是下属们开始悄悄议论：这个领导真是个婆婆妈妈的"细节控"。

事实上，如果不明确岗位期待，你的下属们会更加焦虑，因为他们不知道自己该如何开展工作。事必躬亲的领导和明确岗位期待的领导是完全不同的。我在对 10 位年轻职场人进行的一项非科学意义上的研究中发现，这 10 人都希望领导能给自己明确的指导和方向，没有一个人希望自己遇到一个说不清目标的领导。

当然，有一个事必躬亲的领导的确是件可怕的事。他们像幽灵一样盘旋于你的身边，盯着你的电脑屏幕，甚至有时会抢过你的鼠标亲自上手。我曾经有一位领导可以在一天之内发数封邮件向我询问工作进展。我真想回复他："我的大部分时间都用来更新进度了，根本没法好好干活。"

优秀的管理者会给团队设定明确的目标和期望，然后让每位成员自己想出实现目标的具体步骤；事必躬亲的管理者则会坚持每一步都要和团队成员一起走，同时还会握住团队成员的手，告诉他们接下来怎么下脚，提醒他们台阶可能是湿的，要求他们必须穿上胶鞋以免滑倒，到最后甚至会觉得他们根本就不该走上台阶，还是自己来吧。

虽然你不想成为一个事必躬亲的管理者，但你必须为自己的团队画好蓝图，指引方向。对于下属们的岗位期待，一定要心中有数。

原因2，达克效应

我们难以明确岗位期待还有另一个原因。这并不是我们的错，而是和一种潜意识的心理偏见有关，那就是"达克效应"（Dunning-Kruger Effect）[①]。达克效应是以心理学家大卫·邓宁（David Dunning）和贾斯廷·克鲁格（Justin Kruger）的名字命名的。他们发现，对某个领域不太熟悉的新手往往会高估自

[①] 这个效应也可以成为亲密关系中的绝佳借口。比如，当你的另一半因为你要他更懂你而抓狂时，你可以说："这不是我的错，我或许正在经历达克效应！"

己的能力，低估自己完成任务所需要的时间。这种效应还有另一种表现形式：某个领域的专家会认为，对自己来说很容易的事情，其他人也一样可以轻松完成。

因此，如果你给新手下属布置了一项你认为很容易快速完成的工作，并且认为无须给他明确的指导，那么你的这种偏见很可能会耽误事情。你必须提醒自己，很多你已经做了成百上千次的工作，你的下属可能对它毫无概念。而且你的做法还会让下属误以为自己能力非凡，所以不需要花费太多时间来深入理解和完成这项工作。这就是达克效应在职场中的具体表现（见图1-1）。

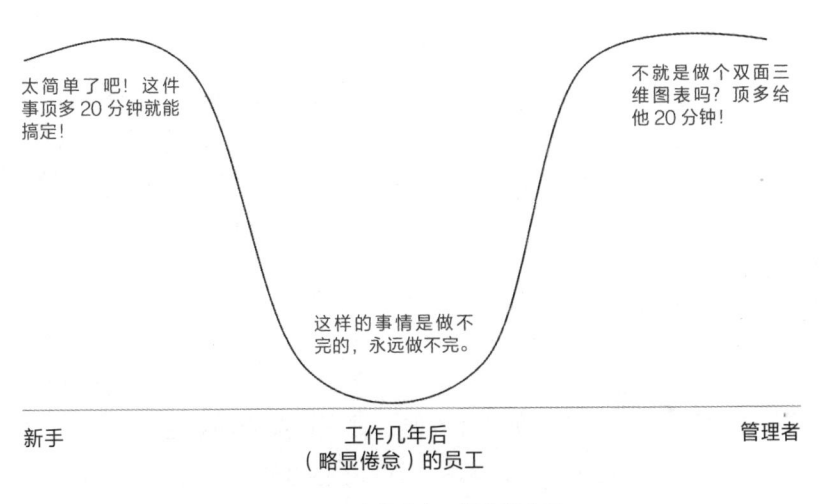

图1-1 达克效应在职场中的表现

你有意识地避免设定明确的岗位期待，可能是因为你害怕自己会成为一个事必躬亲的管理者。在潜意识里，达克效应会让你觉得员工知道自己应该怎么做，无须你画蛇添足。

既然存在达克效应，那么如何才能明确岗位期待？想要明确岗位期待，就要不断问自己几个问题（见表1-1）。

表 1-1　有助于明确岗位期待的 4 个问题

关键问题	更多信息	举例说明
1. 最终目标或阶段性目标是什么？	你为什么需要或想要做这项工作？ 你想通过这项工作实现什么目标？ 它会对团队、项目或客户产生什么影响？	希望你每周都能给我一份工作计划，让我一次性看到你工作的各项进展。这样我就无须一直发邮件来确认你的工作是按进度进行还是滞后了。这也能让整个团队知道，万一出现滞后的状况，我们会受到怎样的影响
2. 什么样的结果才能算"好结果"？	判定一次活动成功，或一个工作成果可以交付的标准是什么？ 你是否能具体地描述一个高质量产品的样子？	一个好的工作计划可以清楚地展示活动细节，每个部分的负责人是谁，以及每个活动完成的预期时间。此外，它还预判了我们可能会滞后或可能遇到问题的地方。我强烈建议用甘特图来整理工作计划表
3. 多长时间可以完成？	你希望何时看到对方的成果？ 何时见到初稿？ 成果交付给你时处于何种状态（例如可以给客户看/草案完成）？	我希望每周都能看到你更新自己的工作计划，并且希望你在每次周会前 24 小时内把它发送给我。最好明天你就把工作计划表的草案发给我，这样我就能确定你的大方向是否正确
4. 有没有什么案例可参考？	分享其他工作成果、信息、内容，为你的员工赋能	跟大家分享一下你之前的工作计划

　　每当你需要给团队成员布置任务时，都应该明确回答上述 4 个问题。事实上，我建议你写下这些问题的答案，因为这会迫使你真正将岗位期待表达清楚。如果你发现自己无法回答这些问题，那可能说明某个任务不是必要的，或者你不清楚自己对下属的期待是什么。

　　这些问题可以作为给下属做指导时的框架，但它们并不是万无一失的。反面案例就是，没有人会质疑设定工作排期表的意义，但管理者往往不愿提醒别人"何时完成任务""何时给到初稿"之类的细碎问题。原因就是前文提到的，没人希望自己成为一个事必躬亲的管理者。对大多数人来说，明确地告知对方"我"需要什么是一件让人觉得不舒服的事。但如果你总是任由下属来把控时间节点，那说明你自己也对交付时间稀里糊涂。长此以往，你培养的团队文化就是"无须在意时间节点"。所以，一定要有明确的工作计划和排期。

总之，新任管理者要为员工设定明确的岗位期待。当你认为自己的期待足够明确时，要回过头来再把它们拆分得更清楚。不要害怕下属会认为你是个婆婆妈妈的管理者，他们真的想知道你对他们的期待，也希望得到指导，这样才能交出一份让公司满意的工作成果。如果你不清楚自己的期待是什么，那你注定会失望。

BRINGING UP THE BOSS
新任管理者快速成长清单

1. 对管理者来说，明确对员工的岗位期待，是最重要的事情之一。

2. 想要明确岗位期待，就要不断问自己 4 个问题：
   - 最终目标或者阶段性目标是什么？
   - 什么样的结果才能算"好结果"？
   - 多长时间可以完成？
   - 有没有什么案例可参考？

3. 你要给团队设定明确的目标和期望，但要让每名成员自己想出具体的实现步骤。

4. 当你认为自己的期望足够明确时，请回过头来再把它们拆分得更清楚。

第一部分　管理员工必须做的 13 件事

BRINGING UP THE BOSS
Practical Lessons For New Managers

02
建立良性的反馈机制

现在你已经知道了成为一名优秀管理者的第一条也是最重要的一条基本原则：明确岗位期待。但不管你的期待有多明确、多清晰，团队成员依然有可能搞砸工作、错失良机、连连出错。甚至，你的下属会让你在全公司面前丢人，就像一个母亲和所有家长一起看着自己那"雅皮士"[①]般的长子在幼儿园运动会上把球踢出场外一样。

上述情况把我们带入了优秀管理者需要遵循的下一条重要原则：建立良性

[①] 雅皮士（Yuppies）一词兴起于20世纪80年代，指西方国家中年轻能干有上进心的一类人，他们一般受过高等教育，具有较高的知识水平和技能。——译者注

的反馈机制。我们总是会听到：反馈非常重要，我们应该做好反馈，我们的公司非常重视反馈。但事实情况是，我们都在避免给出反馈，也不想收到别人的反馈。我们收到反馈时，总觉得无所适从，感到尴尬和困惑，就像我们七年级时第一次参加男女生舞会时一样。**本章将探讨为何反馈机制如此重要，为什么给出反馈和处理反馈如此困难，更重要的是，我们该如何建立一个良性的反馈机制，成为能给出建设性意见的管理者。**

我们先来看一个关于反馈的故事。我大学毕业后的第一份工作是做咨询顾问。显然，对于这份工作，我已经做好了充分的准备，因为我整个大三都在一家银行实习。实习期间我的表现十分出色，主要职责有：为华盛顿地区的客户挑选节日礼物，与同为实习生的员工娜塔莉一起想午餐吃什么，还有就是每天从大学宿舍的衣橱里找出一套适合上班穿的衣服……其实，我是在开玩笑，我没有任何咨询公司的相关工作经验。更令我郁闷的是，我遇到的第一位领导名叫乔希·哈迪（Josh Hardy），大家都叫他"工作狂乔希·哈迪"，因为他对工作一丝不苟，而他只比我们大一岁。我所有的顾问同事都能和他们的领导以朋友的身份相处，但到了哈迪这里就行不通了，除了工作我什么都不敢和他聊。

哈迪总是不断地指出我的错误，甚至有些错误在我看来是微不足道的。比如，哈迪真的有必要和我反复唠叨我在一个幻灯片里用了不同的配色方案或者有些文字没有左对齐吗？有一次开团队内部会议时，我迟到了10分钟，这件事能把天捅个窟窿吗？我上大学时就是一个"迟到大王"，上早课时迟到10分钟对我来说就等于"按时到"了。最让我恼火的是，开会时是否记笔记、如何记笔记真的很重要吗？我大学毕业之后就再没记过笔记了。为什么哈迪总是让我不停地修改会议记录？

但是工作几年之后，我意识到自己必须感谢哈迪这位领导。我刚开始工作的时候，是一个非常糟糕的咨询顾问。我根本不知道自己每天在做什么，还搞砸了很多事。但是一丝不苟的哈迪依然非常重视我的每一次进步，并且不断地给我提供关键的、有建设性的反馈意见,即使我已经听腻了他的反馈。哈迪及时帮助我调整工作方案,在我需要与客户沟通、为客户提供帮助或者在我把事情搞砸时,他都能根据实际情况给我支招。哈迪事无巨细的指导改变了我的人生轨迹。职业生涯早期养成的工作习惯,会对一个人今后的发展产生深远影响。图 2-1 最能说明这一点。

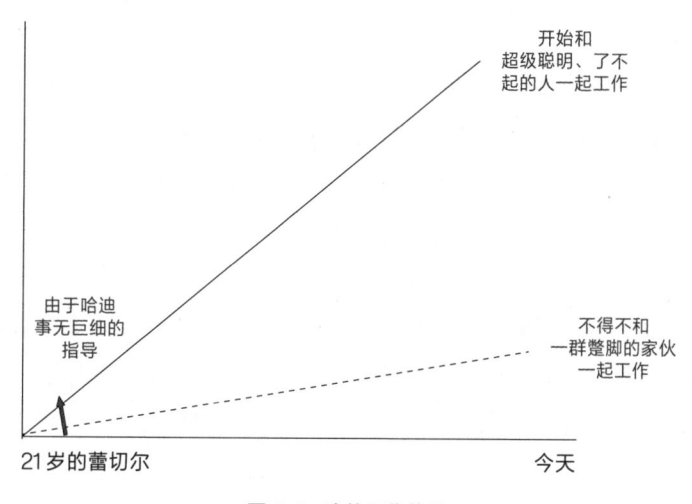

图 2-1 我的工作轨迹

想让一个人在工作了很多年之后再去改变自己的行为模式,是一件难上加难的事。**想要成为一名优秀的管理者,就必须给予下属有建设性的、有条理的、即时性的反馈。** 在团队成员的职业生涯早期,你有力量也有责任让他们的工作走上正确的轨道。如果没有反馈,他们很有可能意识不到自己错误的工作方式。随着时间的推移,这会影响他们职业生涯甚至整个人生的发展方向。如果没有得到反馈,我或许会从 21 岁一直蠢到今天。

但你也许会说,有时给出建设性意见是一件尴尬的事情,当下属和自己年纪差不多(甚至比你年长)时尤其如此。更糟的是,可能你还没有百分百胜任工作,你知道自己在很多方面也有待改进,而且或许当年你的领导也没有在你的工作过程中给出反馈。现在你有什么权力去告诉别人他做错某件事了呢？

更难办的是，你希望大家都喜欢你。你希望团队接受你，而不是合起伙来排斥你。期待被信任，想要与他人建立更紧密的合作关系，坦诚沟通，并享受由此带来的美妙感受，这是无可厚非的人类本能。你害怕一旦给出的反馈伤害到某位下属的情感，大家会因此讨厌你，把你当成一个刻薄的领导。

让我来分享一个关于所谓的"刻薄的领导"的故事。贾斯廷是一家初创公司的运营副总裁，她有一位名叫维特的下属在工作中多有不足之处。虽然这让贾斯廷觉得郁闷，但她没有给予维特反馈。因为维特是新员工，她不想让他不开心，让他觉得自己是个刻薄的领导。她希望得到员工的喜爱。好吧，时间快进到三个月以后。这家初创公司的首席执行官没有看到新员工维特的任何进步，他仍然无法按公司的要求完成工作。于是，首席执行官通知贾斯廷，维特的表现不符合公司发展需求，必须离开公司。当贾斯廷坐下来与维特进行裁员谈话时，维特完全处于震惊状态，他一直认为自己做得还不错。如果他表现不好，他的领导贾斯廷为什么不早点告诉他呢？为什么在这三个月里他没有收到贾斯廷的任何反馈呢？那么，贾斯廷的做法就不算"刻薄的领导"了吗？

管理者不仅有权力在下属工作不达标时指出来，而且有义务给他们提供即时反馈。为团队建立反馈机制，减少团队成员在收到反馈时的防御心理，这对构建反压迫的团队文化来说至关重要。如果总是担心伤害到某人的情感而不愿意指出问题所在，那么时间长了，你的团队文化里会慢慢失去"成长""进步""包容"等关键词。不及时给予反馈，对团队成员的个人成长而言是一种阻碍。即使你的反馈会让人难堪，让你和团队成员彼此都觉得不舒服，你也不得不做。

现在你已经知道了反馈的重要性，你也准备克服对伤害团队成员感情或被他们讨厌的恐惧心理。接下来的问题是，如何提供有价值的反馈？

有价值的反馈是：

- 清晰的、结构化的、有数据支撑的，能够改变或者强化员工的某种行为；
- 友善的、富有同理心的，因为它的初衷是帮助对方改正问题，不断进步；
- 及时的、切中肯綮的；
- 建设性的、积极正面的。

超级简单又直观的反馈流程

条理清晰的反馈其实遵循一个简单的流程。看看图 2-2，你就可以知道它是如何运作的。你可能想知道的是：为什么这个简单的流程会如此强大？

首先，你需要从一个有数据支撑的事实开始（例如，"我注意到上次开会你迟到了 10 分钟"），而不是直接做出判断（"你怎么开会总是迟到？真糟糕！"）。在反馈谈话中，以数据开场会让双方都处于相对理智的状态，不会激起接受反馈者的防御心理，让他更容易接受你说出的话。这也给对方解释自己的行为留出了空间。他可能在上次开会前突然被公司的董事长叫去一对一谈话了，所以才在你的会议上迟到了 10 分钟。

其次，你要说明这件事会如何影响你、影响团队或者影响客户，从而让对方认识到你的反馈很重要。回到我 21 岁时的例子。我的领导乔希·哈迪向我解释了为什么同一个幻灯片中使用不同的配色方案是一个必须改正的错误：因为客户会将其理解为我们是一家不重视细节的公司，而不重视细节的公司往往会在财务模式上出问题，这会阻碍双方接下来的合作。这句话的分量可比"让我改幻灯片的颜色"重多了。

| 说明情况 | 解释这件事会如何影响客户、项目或你自己 | 暂停，等待对方澄清 | 建议对方接下来如何改正 |

每个步骤的开场话术

• 我观察到…… • 我注意到……	• 这件事对我的影响是…… • 这件事对客户的影响是…… • 这件事让我觉得……	• 聆听对方解释并回答他的每个问题	• 接下来你可以考虑是否要这样做……

每个步骤中包含的关键信息

• 尽可能地用细节来解释情况 • 明确日期/时间以及相关人员 • 强调对方做出了何种行为	• 告诉对方他的行为让你产生了何种看法 • 告诉对方其他成员或者客户会怎么看待他的做法	• 给对方澄清问题的机会，并提供相应的信息 • 问问对方是否意识到了问题的重要性，或者有没有其他看法	• 针对下属的工作方式给出建设性意见，以此改善/改变他们的工作模式 • 设定一个期限，让对方在该期限内做出调整

举例

• 特洛伊，我注意到你为我们的医疗项目整理的数据并没有按时提交。 • 按照工作计划排期，你周二就应该提交这份数据了。	• 因为你延迟提交，所以其他成员的工作停滞，我们需要分析数据才能开展接下来的工作。大家等了你一晚上。	• 暂停 • 聆听 • 更多聆听	• 接下来，如果你需要更多时间才能完成工作，请你尽早和我沟通。这样我也能判断是否应该给你增派人手。 • 你是否需要我提供其他支持来帮助你完成工作？

图 2-2　反馈流程

最后，你必须给出对方接下来改进工作方法的建议。 在给出反馈之前你就应该先问问自己，对方怎么改变才能做得更好。如果你都想不出任何建议，那还反馈什么呢？除此之外，你需要让对方建立起责任感，并确保你给出的反馈不会受到"个人特质"的影响（比如，有些人生性如何，你的反馈是改变不了的）。

让我来进一步说明最后一点。我们在前面讨论过，有些人会觉得给别人提意见是一件尴尬的事，而有些人则热衷于提出批评。后者在给出反馈时，往往摆出一副高高在上的姿态，觉得自己有权讨论下属的任何事情。你身边一定有这样的朋友或者同事，他们打着"透明和真诚"的旗号在你的人生中横插一杠。他们总是喋喋不休地指出你在某某方面做得有多糟糕，并且还不忘补上一句"说这些是因为我在乎你"。这样的人给你反馈，会让你觉得自己能有所提高吗？你会因此改变自己的行为吗？我打赌不会。

有价值的反馈需要一个清晰的案例来支撑，目的是让对方明白自己接下来该如何改进或者坚持被指出的某种行为。举个例子：假如我告诉下属马克，他的波士顿口音对经常需要直面客户的工作人员来说显得不够优雅。我的反馈结构清晰且有数据支撑，我为自己敢于给出真诚的反馈，并且勇于与下属进行关键对话而感到自豪。但是，马克在反馈谈话中感到非常困惑、受伤。因为口音是马克从小养成的习惯，早已成为他人生的一部分了，他没法在短时间内像我建议的那样改变"r"的发音。所以我的反馈是无效的。

现在让我们回到当时的场景中。如果我不批评马克的口音，而是给他这样的反馈：说话时放慢语速，这样可以尽可能地让所有人都听清他的话。我还可以建议马克，在每次汇报或者演讲的时候使用定时器，这样可以量化自己的实际语速。或者我可以建议马克，在演讲中可以停顿几次，询问听众是否有问题或者哪里需要他重复一下。请注意，你提出的改进意见必须显示出作为管理者的你真的在关心下属的进步和发展。当你真正开始反馈时，还要记住以下几点。

不要把反馈做成"三明治"的样子：不要把你真正想表达的反馈夹在两条表扬的话术之间。请直奔中间的"奶酪"：直接说出你最想反馈的事情，始终不要偏离主题。

不要过度铺垫："我知道你一直以来压力很大，你在其他方面都做得很好了，而且你手头上的工作的确很多，这些事真的没什么大不了的……"类似这样的话会使你想传递的信息含混不清，让接受反馈的一方十分困惑。所以，请以简洁明了的方式说出你的反馈。

尽可能在某个行为刚发生时就给予反馈：没人喜欢听你唠叨三个月之前的事情。本来接受反馈者可以及早改进自己的行为，你却让他们又拖延了三个月的时间。如此一来，你的反馈也会变得没有价值。

好的反馈过程，也是一个讨论的过程：你要试着了解接受反馈的下属的想法。或者直接问问他们，作为团队负责人的你应该怎么帮助他们改进工作。你要给他们一个表达自己的空间。

既要有建设性反馈，也要有积极反馈：在积极反馈这件事上，很多管理者都做得很糟。只有使用本章中列出的步骤来表达积极反馈（或者表达某位员工的行为如何扭转了局面），才能起到激励团队成员的作用。只会重复一句"干得漂亮"，起不到真正的激励作用。

你刚开始给别人提供反馈时，一定不会一帆风顺。你可能会忘记本书告诉你的步骤，你甚至会在无意间羞辱他人。我知道这会非常尴尬，但只要你坚持行动下去，总有一天会越做越好。你再也不会像七年级第一次跳交谊舞时那样无所适从了。

管理者也需要获得别人的反馈

现在你已经学会了如何给下属提供条理清晰且有价值的反馈，但关于反馈的故事并没有到此结束。作为一名优秀的管理者，你不仅要给下属提供有价值的反馈，还要从团队中获得有价值的反馈。你需要确保团队成员愿意给你反馈。如果你希望自己能做得更好，那么请你试着给自己打分，你或许会认为自己比大多数人更现实，不会自欺欺人。你或许还经常向你的上级寻求反馈，并且为自己能够坦诚接受任何建议而感到自豪。

人们都希望从下属那里获得反馈，从而让自己不断进步，但这件事说起来容易做起来难。你有没有觉得每次收到反馈时都会有些尴尬不安呢？这又是潜意识在作怪。现在让我们深入了解一下，为什么当我们收到反馈时，会经历一个难受的过程。

为何收到反馈会让人尴尬不安

逃避负面反馈是一种本能

逃避负面反馈是一种进化本能。心理学家内森·德沃尔（Nathan DeWall）和布拉德·J. 布什曼（Brad J. Bushman）的研究表明，当我们的生命受到威胁时，"战斗或者逃跑"是一种本能的自我保护的反应模式，这种反应模式还会处理在潜意识中受到的威胁。我们的大脑会自动把负面反聩当成一种威胁，因为它挑战了我们的社会地位、他人对我们的接受程度以及自我身份认同。当听到有人评价我们没有做好某个项目，或者我们的拖延症需要改一改之类的话时，我们会觉得自己的生存安全受到了威胁。就像我们不想被一只狮子吞掉一样，我们也不希望被自己生活其中的社会排斥。这也是为什么听到反馈时，我们的自我防御机制会自动启动。这并不意味着我们就是过度自我保护的人，也不意味着我们压根不想收到反馈。这是我们的防御本能，想要扭转是十分困难的。所以当反馈出现时，我们很难真正做到敞开心扉接纳。图 2-3 展示了我们的蜥蜴脑在想什么。

图 2-3　蜥蜴脑的反应

(公元前 4500 年的人类：有威胁!　今天的人类：你还需要做得更好……　你在这方面做得还不够……)

过度自信会导致偏见

有时我们难以接受反馈，是因为我们的潜意识中存在另一种偏见：认为自己做得非常好，即使实际情况并非如此。换句话说，我们的主观自信可能远远大于实际能力。心理学家欧拉·斯文森（Ola Svenson）的一项著名研究能很好地揭示这种现象。该研究表明，超过 93% 的美国司机认为自己的驾驶技术超过平均水平。所以，如果被别人评价为"在某方面表现平平"，甚至"低于平均水平"，大多数人一定会感到非常震惊，并且充满挫败感。图 2-4 展示了过度自信导致的偏见。

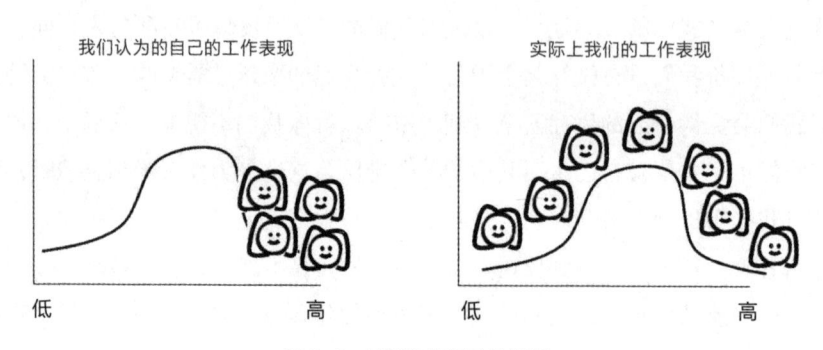

图 2-4　过度自信导致的偏见

归因理论

通常我们会认为,没有做好的那些事是客观环境造成的,我们没有办法控制。因此,当我们达不到预期目标时,总是会下意识地找借口。这一影响甚广的归因理论由社会心理学家伯纳德·韦纳(Bernard Weiner)提出,它很好地阐释了我们的行为模式。如果我们的朋友迟到了,一定是因为他很懒。但当我们自己迟到的时候总是能找出一大堆借口:因为公交车来得太迟了;因为出门前洗澡时淋浴器加热得很慢;因为出门的时候遇到了邻居,他没完没了地唠叨了半天……所以,当别人给我们提出建设性意见时,我们会立刻把没做好的原因无意识地归咎于客观环境(见图 2-5)。我们并不是故意抵制别人的反馈,而是潜意识再次作祟。

当一切进展顺利时 当出现问题时

我真聪明!
我工作真努力!
我真能干!

公司的战略方向不清晰。
给我的时间根本不够。
因为罗伯没有做好自己的工作,这影响到了我。

图 2-5　归因理论:我们如何看待自己的表现

当你从下属那里得到反馈之后,你可能会因为自己是个管理新手而觉得焦虑不安,甚至你会因此故意回避一些你不熟悉的领域的问题,这种感觉如图 2-6 所示。最后导致的结果是:个人很难向权威表示质疑,你的团队成员不会再自愿、自发地向你提出反馈。

举个例子,我曾经问我的弟弟约翰是如何处理来自下属的反馈的。他毫不羞愧地说道:"我可是一个伟大的管理者。我的团队成员从来没有提出过任何异议。"

你说什么？！

我觉得最近工作不太愉快……

你的团队成员　　　　　作为管理者的你

图 2-6　下属提出反馈后管理者的反应

作为管理者，我们可能会这样面对来自下属的反馈：

管理者："你觉得我是一个怎样的领导？能给我一些建议吗？"
下属："没有！你太棒了！"
或者
管理者："嗯，目前看来一切正常。但如果你觉得我应该注意某些事的话，请你务必提醒我。"
或者
管理者："如果你能更清楚地表达对我的要求和期待，那就太好了。不过这件事也没什么大不了，我知道你的工作非常忙，是我打扰你了。"

然后你就继续自己快乐地生活了，并且为自己曾向下属寻求过反馈而感到无比自豪。

后面的章节会讨论如何训练团队成员大胆说出自己的想法，尤其是当他们在工作中遇到不愉快的问题时。不过现在，我想给作为管理者的你提供一些方法，以确保你能从团队成员中获取向上的反馈。虽然潜意识中的偏见不可避免,但我们依然可以凭借这些方法让自己保持虚心纳谏的心态。

获取向上反馈的 4 个方法

第一,主动寻求反馈。抓住一切可以询问别人反馈建议的机会,不断地问,然后认真聆听。当团队成员给你反馈时,一定要保持开放的心态,表示欢迎,并且真诚地感谢对方的分享。你还要认真对待他们的反馈,说出你接下来将如何改进自己的行为(如果要坚持不变,那么请说明原因)。你也可以询问对方具体可行的改进方法,并且请对方监督自己。

第二,把接受下属反馈和给予下属反馈的时间分开。通常我们会在与下属进行绩效面谈或者其他单独谈话之后,顺便问一句对方是否对自己有什么建议。这种做法会让我们很难获得真诚、有价值的反馈。毕竟谁敢在拿到奖金之前批评自己的上级呢?相反,如果你能将接受下属反馈和给予下属反馈安排在不同的时间进行,就会让团队成员意识到:你既重视听取他们的反馈,也重视为他们提供反馈。

第三,将向上反馈列为团队日常工作的一部分。这意味着你在向团队成员传达自己对获得反馈的期待,并且为上级提建议也是他们的职责所在。对那些勇敢提出建设性意见的员工进行表扬并提供一定的奖励。如果员工没有像预期的那样向上反馈,你要再次强调自己的期待。

第四,给团队成员发一份匿名反馈问卷。让下属们放心地给你提出建设性的反馈,这需要一段时间。提供匿名反馈的方式,可以帮助大家卸下负担。我还希望将这份匿名反馈的结果纳入管理者的绩效考评参考指标中(团队成员的反馈是其管理者绩效的一部分)。以下是我在匿名反馈问卷中常用的问题:

2）说明这件事会如何影响你、团队或客户，从而让下属认识到你的反馈很重要；

3）针对下属的工作方法给出改进建议。

3. 你必须确保下属为你提供有价值的反馈，这样的反馈往往是客观的、有数据支撑的。

BRINGING UP THE BOSS
Practical Lessons For New Managers

03
重塑员工对个人发展的看法

我不是一个特别怀旧的人，但我接下来要讲的故事也来自我大学毕业后的第一份工作的经历。作为一个单纯的年轻职场人，我学到了许多宝贵的人生经验，其中的很多事情直到现在我才有切身体会。比如：工作换来你的晚餐，但并不意味着你的每份晚餐都需要一份炒意面和奶酪球当开胃菜；当大家在公司聚会上没什么可聊的时候，聊一聊之前的出差经历可以缓和气氛，并且这个话题也比较安全；当你想让实习生做你不想做的工作时，可以告诉他们这是一个很好的成长机会。

在早期的职业生涯中，我学到的最重要的一课就是，掌握自己的发展动向。尤其是在我的第一份工作中，几乎所有同事都希望做自己职业生涯发展的主导者。每个职场导师和管理者都会为其团队成员的成长提供帮助，但每个人自己才是自己职业发展的领路人。每个人都有责任决定自己想做什么，想如何成长，想培养哪方面的技能。

相信你一定很熟悉这样的场景：你的团队成员希望接受正式的内部培训，希望得知明确的晋升路径，希望你能明确他们所在岗位需要发展哪些业务能力。他们甚至希望你能直接告诉他们，如何在你的团队中得到发展。但情况很有可能是，你所在的公司也只是一家初创公司，没有任何培训计划，或者公司层面也没有帮助员工制定职业生涯规划。作为管理者，你的时间和资源是有限的，你无法在每个下属的个人发展中扮演主导角色。

作为管理者，你能做的事情是重塑他们对个人发展的看法。具体来说就是：要让他们意识到，自己才是自己职业生涯发展的主要责任人。要让你的团队成员行动起来，发展自己的技能，不断成长，而不是受限于组织架构或者公司有限的资源。他们不能指望你给出所有问题的答案，而应该在需要的时候向你寻求指导和支持。

这种方法之所以行之有效，主要有以下两个原因。

第一，正如本书第7章将要深入探讨的那样：如果提前设定好自己的目标并为之负责，那么这个目标会更容易实现。换句话说，相较于从管理者那里得到某个建议，团队成员如果明确自己的职业发展目标，会更有干劲儿去完成。

第二，团队中的每个成员都有自己的职业理想，也有各自的优势和短板，以及不同的兴趣领域，你不可能为下属制订"一刀切"的员工发展计划。你可以希望所有团队成员都必须具备某些能力，但是你不能期待他们都遵循相同的成长路径。所以你需要一种方法，它既能最大限度地激发团队成员的个人兴趣和能力，又能契合团队和公司的发展目标。

如何带动团队成员自主发展呢？我会邀请团队成员制订个人发展计划，要求团队成员思考一系列有关发展的问题。这能帮助他们弄清楚自己在短期内需要练就怎样的技能，以及自己的职业生涯长期会发展到什么程度。这份个人发展计划会展示出每一名员工的发展意愿，让管理者可以有的放矢地支持他们成长。这样也能帮他们早日认识到自己的期望和抱负。

假如你的员工杜安在个人发展计划中写道："我希望一年以后成为一个团队负责人。"但你综合考量之后觉得他可能需要不止一年时间。那么，你可以在年初时与杜安探讨晋升到下一职级所需要的技能，防止他在年终晋升节点来临时过于失望，也让你自己不会诧异于"我的下属居然已经觉得自己做好晋升准备了"。还记得过度自信导致的偏见吗？你很可能会对一些"自信满满"的下属感到无语。

个人发展计划的强大之处在于，它可以推动个人在具体能力的层面落实自己的发展规划，也可以帮助团队成员将目标拆解成完成目标所需要的实际能力。个人发展计划模板见表3-1。

下面举一个例子来说明。你的团队成员米娅希望能获得更多客户维护方面的技能，而实现这一目标的方法是做更多直接与客户对接的工作。从目前的实际情况来看，不让她做客户对接工作，或者给她一些现有的、难度较大的客户对接工作，都会让她产生挫败感，对自己的职业发展前景感到心灰意冷。

但是个人发展计划可以让米娅发现，成为一名优秀的客户经理其实需要具备多项技能。这些技能可能包括：进行汇报和公众演讲所需的能力，它能帮助你更好地向客户（尤其是大客户）介绍产品；谈判能力，尤其是进行关键对话的技能，它能帮助你在不损害双方关系的前提下，为己方的利益据理力争；聆听的技能，它能帮助你促使客户顺畅地提供更多信息。这些都是米娅目前可以锻炼的技能，她不用从一开始就直面客户。

表 3-1　个人发展计划模板

目标	需要思考的问题
1. 一年期目标	你在公司未来一年的职业目标是什么？
	到年底前，你希望自己在公司扮演什么角色？你希望同事如何看待你的角色？
2. 三年期（长期）目标	你的长期职业目标是什么？
	你希望三年之后自己在做什么？
	你希望在公司内获得什么头衔/承担什么角色？
	你希望在公司以外实现什么目标？
3. 所需能力或技能	今年你最想培养的三种能力是什么？
	为了培养所需能力或技能，你将会开展哪些行动、参与什么培训或项目？（尽可能具体）
	你如何衡量自己是否成功获得了这些能力或技能？
	有哪些指标或实际的成果可以衡量你的进步？
	谁可以为你提供支持？

　　个人发展计划的另一个重要价值在于，它能够让团队成员更清楚为培养能力，自己需要做出哪些行动。比如，团队成员杰伊想要强化自己的分析能力，于是他拆解出了一系列可以帮助他完成这一目标的具体行动：报名参加线上统计学课程；观察团队中的一名数据科学专家，向他学习经验；参与一个涉及大量数据分析的小项目。杰伊甚至还可以通过积累公司内外的更多人脉来帮助自己提高这项能力。

　　个人发展计划是动态的。团队成员应当在想要培养新技能或开展新的行动时重新修订自己的计划。作为一名管理者，你的职责是推动他们制订计划，为他们想要发展的重点技能提供方法上的指导，同时要确定他们可以落实自己为实现目标所制订的行动计划。你还可以让团队成员分享各自的发展计划。这会让他们意识到共同奋斗的同伴有着同样的职业发展目标，彼此的交流可以碰撞出更多的火花。这对他们接下来相互督促、共同完成目标也有益处。最重要的是，一定要让团队成员意识到：他们才是自己个人发展的主导者。

BRINGING UP THE BOSS

新任管理者快速成长清单

1. 要让员工意识到，其职业发展的主要责任人是他们自己，而不是你。

2. 只要帮助员工制订个人发展计划，就能让他们确定自己想要如何成长和发展，以及需要哪些具体能力。

3. 不要给多样化的员工设置"一刀切"的发展计划。

- 此人作为我的领导，是否能坚持给我反馈，帮助我的职业发展？（1～5分）
- 当我需要我的领导给予帮助和支持时，能得到及时响应吗？（1～5分）
- 基于我对此人管理方式的了解，我是否愿意一直和这样的领导共事？（1～5分）
- 为了让我的工作更轻松顺畅，我的领导还能做些什么？（1～5分）
- 我是否还想说点什么有助于领导发展的建议？（1～5分）

所以，要想成为一名优秀的管理者，就要坚持为下属提供条理清晰且有价值的反馈；但如果想成为一名更优秀的管理者，就要想办法让下属为你提供条理清晰且有价值的反馈。请激活你内心的那位"乔希·哈迪"。请记住，通过及时、频繁的反馈让团队成员在职场中获得成长，不仅是管理者的责任，也是管理者的义务。

BRINGING UP THE BOSS
新任管理者快速成长清单

1. 要促进下属的个人成长，就必须给予他们有建设性的、有条理的、即时性的反馈。
2. 要遵循一个超级简单又直观的反馈流程：
   1）从一个有数据支撑的事实开始；

BRINGING UP
THE BOSS
Practical Lessons For New Managers

04
做员工的领导力教练

几年前,我参加了一次密集的瑜伽和冥想训练。因为那时我的生活遭遇了一些波折,我挣扎于其中,觉得难以超脱。训练的大部分时间是以团体治疗的形式完成的。在几小时的高强度瑜伽练习之后,我和其他学员一起讨论了这样几个问题:我们在害怕什么?究竟是什么在阻碍我们的生活?什么才是我们想过的理想生活?通常小组成员会站起来,向大家诉说现在遭遇的困境。而我们的瑜伽教练会毫不犹豫地问出下面几个问题:

- 就目前的情况而言,你最担心的事情是什么?
- 是什么在阻止你采取行动?
- 如果在这种情况下不采取行动,会有什么风险?

- 在目前的情况下，你能争取到的最理想的结果是什么？

回答这几个问题对接受训练的学员来说非常有用，大家对如何应对当下困境有了清晰的认识和新的视角。更重要的是，学员可以自己制订接下来的前进计划。在教练的指导下，我们可以对当前的困境做出自己的判断。一周之后，阴霾退却，我也回到了自己的日常生活之中。然后我逐渐意识到，瑜伽教练使用的方法几乎和优秀的管理者指导团队时所用的方法一模一样。

当我们成为管理者之后，一定会听到很多关于"领导力教练"的话题。比如，应该像带一支球队一样管理团队，要如何为下属赋能。如果你足够幸运，那么你也会拥有一位领导力教练。我们经常会听到同事或朋友谈论起领导力教练如何改变了他们的生活，如何帮助他们掌握领导力，或者如何让他们在职业生涯中重建信心。

什么才是真正的领导力教练？管理者应该如何培养自己的领导力，才能为团队赋能呢？一个领导力教练需要做的事情是帮助他人提高自我意识，做出明确的选择和决策，并且能够反思过去的行为。实际上，领导力教练会在深思熟虑后提出一系列发人深省的问题，让被辅导者能够探索不同的结果。与反馈谈话不同，领导力教练不会立刻告诉被辅导者接下来需要如何改进行为，或者他自己如果面对同样的情况时会怎么做。领导力教练的目的是帮助被辅导者培养自主决策的能力。

作为一名管理者，你可以通过领导力培训、反馈或其他正式的谈话形式来为团队成员的发展赋能。比如，你可以在团队成员向客户做产品介绍之后，针对他的表现给出及时反馈；你也可以用领导力教练的方式向团队成员提问，让他决定接下来该如何回应高难度的客户需求。这两种方式对团队成员的成长来说都是必要的，但在具体方法和结果上有所差异。

作为一名管理者，领导力教练是你所有身份中非常重要的一个。无论你的资历如何，都必须培养自己的领导力。在讨论如何做到这一点之前，先来看看为什么以领导力教练的方式帮助员工提高业务能力、实现职业生涯的长远发展如此重要。图 4-1 以应对一位令人讨厌的客户为例，展示了为员工提供指示或反馈与成为领导力教练之间的差异。

指示
- 我的工作经验告诉我，直接面对客户是最有用的。
- 我会通过直面分歧来解决这个问题。

反馈
- 我注意到，当客户提出我们职责范围之外的要求时，你会保持沉默。
- 你应该有理有据地回应客户，无须担心发生冲突。

领导力教练
- 你想和客户达成的理想结果是什么？
- 你与客户之间最大的沟通障碍是什么？
- 还有哪些潜在的其他选择？

图 4-1　为员工提供指示或反馈与成为领导力教练之间的差异

领导力教练能够帮助员工不断成长，其作用体现在以下三方面。

第一，增强团队成员的主观能动性。 就像在第 1 章中讨论的那样，团队成员的主观能动性是你最希望看到同时也需要他们培养的一项技能。最出色的团队成员应该对你的需求有所预判，积极寻找解决方案并给出建议，而不是一直期待你给出所有答案。积极主动的团队成员会对应当采取何种行动方案有一套自己的见解，并敢于表达。但是，主观能动性是一种需要培养的能力。领导力教练可以通过带领团队成员评估决策，不断反思，使他们形成对事物的独到见解，从而培养其主观能动性。这也有助于团队成员坚定自己的信念。

第二，强调主人翁精神。 领导力教练很少会告诉被辅导者"你应当做什么"，而会帮助他们厘清接下来的行动方案，并让他们意识到要为自己的行动负责。你要指导团队成员自己规划方向，而不是替他们指明前进的方向，这样才能促使团队成员制定自己的行动方案来应对挑战。当一名员工是某个项目的主要决策者时，他会有很强的项目归属感，多半会致力于完成自己制订的计划。一开始，这种情况可能会让团队成员产生恐惧心理，担心自己做出了错误的决策，并需要自己承担后果。但随着时间的推移，这种领导力训练会增强团队成员的主人翁意识，使他们对能够自己做出决策这件事感到欣慰和满足。

第三，强化团队成员间的信任感。 作为领导力教练，你需要通过一系列问题来验证假设和偏见，然后选择其他可替代的方案。你要帮助团队成员发现自己内心隐藏的故事，并帮助他们克服心理障碍。向员工提出一些值得深思熟虑的问题，并耐心聆听他们的回答，这有助于维护员工与领导的关系。通过领导力训练，可以与团队成员建立起一种互信关系，让他们在更有安全感的环境里敞开心扉。信任对管理者来说至关重要。长期的研究显示，信任可以增进沟通，改善团队协作方式，减少负面冲突，带来意想不到的惊喜。每当有人问我"如何增强团队成员间的信任感"时，我都会建议他们："试着成为自己团队的领导力教练。"

如何开始你的领导力教练生涯呢？有很多相关的培训项目、职业认证项目和学校可以帮助你实现愿望。如果你曾经有机会接受一位真正杰出的领导力教练的指导，你会明白：卓越的领导力教练的训练是一种艺术、一门精妙的科学，这也需要一定的天赋。但如果你把领导力训练视作一种工具，那么可以立即将其应用于日常生活中，而无须经过一套专业的培训。

从哪里入手开始行动呢？你可以试着问一些值得深思的问题。下次遇到需要你提出解决方案或者需要指导团队成员的机会时，请先问一个澄清型问题或探究型问题，让团队成员反思或考虑是否还有其他选择。你可以问一两个问题来促使团队成员深入思考，或者提出一系列问题。你问得越多，得到的信息也就越多，这也能帮助你提出后续的问题。

以下是成为一名优秀的领导力教练的其他建议：

- 尽可能提出开放性问题，避免提出只能回答"是"或"否"的问题。
- 一次只问一个问题。虽然在初级阶段，你可能会发现自己想问的问题堆积如山，尤其是在你想了解事情的来龙去脉或者更多信息时，但一定要坚持一次只问一个问题。
- 在对话刚开始时，你可以要求对方说出事件的"前情提要"，但要尽可能地让对方长话短说。因为我们很容易陷入某个故事（谁做了什么，谁又做了什么，然后又发生了什么事）当中，从而忽略了关键信息（对方做出了何种反应，感受如何，接下来要做什么）。
- 带着真正的好奇心和开放心态提问，而不要一味地寻求答案。比如，"你为什么不这么做呢"（诱导式提问）和"是什么促使你做出这样的抉择呢"（出自好奇心的提问）。
- 接受对方的沉默，即使沉默让人尴尬。不要试图说些什么来填补当下的沉默，给对方安静思考与沉淀的空间。
- 复述对方所说的话。这不仅表示你在认真倾听，而且可以检测自己有没有误解对方的意思。通常当别人复述自己的话时，我们会换个角度重新审视自己。
- 在谈话中制定下一步的行动。一次好的领导力训练可以带来一系列明确的行动步骤和问责机制（这就像你想不起登记信息时，可以查看几天前的邮件一样简单）。

最后的建议是，当你第一次做领导力教练时，有以下几个简单有效的问题可供参考：

1. 在当前情况下，你最担心的事是什么？
2. 如果采取行动或双方进行一次对话，你最担心发生什么事？
3. 对你来说最理想的结果是什么？
4. 你有没有想过，是否还有其他方案可供选择？
5. 如果可以重来一次，你会采取什么不同的做法吗？
6. 如果想取得成功，哪些事情是你必须要做的？

在本书的附录中，我还列举了很多其他行之有效的问题。在我初次尝试做领导力教练时，我会把自己喜欢的提问打印出来放在桌子上。每当对话陷入僵局时，我都会扫一眼这些问题，看看哪一个能够破解当下的困境。随着时间的推移，提这些问题已经变成了我的习惯。

作为一名管理者，我发现成为一名领导力教练是非常有价值的。当我与团队成员进行深入的领导力训练时，经常会感到灵光乍现：一个新的方案、一个新的创意、一个新的机会。而在仅仅20分钟之前，团队成员根本想不到这些。至少对我来说，这种方式比直接给他们提出建议有用得多。见证和帮助团队成员发掘出他们的潜能，是一件非常美妙的事。这恰恰就是领导力教练的使命。

BRINGING UP THE BOSS

新任管理者快速成长清单

1. 作为一名管理者，领导力教练是你所有身份中非常重要的一个。

2. 要想帮助员工不断成长，就要发挥领导力教练的 3 个作用：

  - 增强团队成员的主观能动性；
  - 强调主人翁精神；
  - 强化团队成员间的信任感。

3. 要促使团队成员深入思考，你只需提出值得深思熟虑的问题，然后积极聆听。

BRINGING UP THE BOSS
Practical Lessons For New Managers

05
制订绩效改进计划

在阅读了本书的前4章之后,你或许已经成为一名优秀的领导力教练,也明确了如何为员工设定岗位期待。你能给团队成员提供有深度的即时反馈,每一位团队成员都知道如何在你的帮助下获得成长和发展。但即使做到了这些,你的团队中也很有可能存在表现不佳的员工。他们在努力挣扎,你也会为他们在公司的发展前景感到担忧。或者,他们目前的能力达不到晋升到更高职级的要求,于是同级别的同事都晋升了,他们远远地落在了后面。不管是哪种情况,你都可以制订一个绩效改进计划(Performance Improvement Plan,PIP)。绩效改进计划可以让团队成员意识到自己该如何进步,也能帮助你拆解出一套结构清晰的行动指南。

坦白地说，让员工参与你制订的绩效改进计划并不是一件容易的事，第一次尝试的时候尤其如此。你要挨过很多难堪的时刻，会有一些情绪，甚至会觉得自己仿佛在一个藏着鲨鱼的泳池里游泳。但是一名优秀的管理者一定会意识到绩效改进计划的强大之处，它能为当前毫无头绪的情况提供一种清晰的思路，让管理者和员工都觉得有的放矢。如今它的作用被严重低估了，如果使用得当，它能够有效地确保团队继续蓬勃发展。

我先讲一个关于绩效改进计划的故事，故事的主角是我的弟弟托马斯，我非常"崇拜"他。当你读到这本书的时候，托马斯应该已经成为一名执业医师了。但在开始医疗生涯之前，托马斯有过一段短暂的咨询顾问的工作经历。这是托马斯毕业后的第一份工作，当时他在这家咨询公司工作了差不多一年了。一天，他的直属领导及其上级领导把他叫到一间会议室，讨论他的绩效问题。他刚坐下，领导们就给了他一份绩效改进计划表，这让他十分震惊，也深感困惑。当他们开始讲解这份材料时，托马斯满脑子想的都是："公司想要解雇我，只是换了这样一种表达方式而已。"于是领导们还没来得及说完，托马斯就对公司给予自己工作机会表达了感谢，并表示自己不会接受这份绩效改进计划，然后当场辞职。他甚至还没有等领导们做出反应，就匆忙走出了公司大楼。

我喜欢这个故事，不仅因为它给了我一个当众"嘲笑"我这宝贝弟弟的机会，而且更重要的是，它让我们明白：即使再优秀的管理者也会在绩效管理中遭遇"滑铁卢"。一方面，管理者不应该让员工对一份绩效改进计划惊恐到如此程度，也不应该每年只在绩效谈话时才给员工反馈。另一方面，面对条理清晰的绩效改进建议，员工不应该做出如此轻率之举。管理者不能将绩效改进计划作为变相解雇员工的工具，员工也不应该把绩效改进计划解读为"这是公司要赶我走的狡猾手段"。诸如此类的道理还有很多。

作为一名管理者，你需要了解下属什么时候业绩不佳，以及该如何应对。**要成为一名优秀的管理者，应该大胆使用绩效改进计划这个工具，清楚地向团**

队成员阐明如何进步。只要将绩效改进计划与即时反馈相结合，持续推进，所有人都会逐渐意识到它的本质是什么（以及不是什么），而管理者也能真正致力于帮助团队成员成长。

绩效改进计划的强大之处在于，它迫使管理者必须清晰简明地向员工解释，为何他们的工作未能达到预期标准。通常对于员工绩效不佳的原因，管理者会做出很多缺乏依据的论断，比如笼统地归咎于员工的个人性格。你可能会指责他们的工作没有达到预期，但你可能从来没有明确设置过什么岗位期待。管理者之所以会犯这样的错误，是因为评估一个人的绩效本来就是一件很难的事情。

绩效难以客观评估的两个原因

原因 1，推理阶梯

推理阶梯是组织学习理论的主要代表人物之一克里斯·阿吉里斯（Chris Argyris）[1]提出的一种行为模式。它描述了一个人如何快速地用潜意识收集信息，并以此对个人及其行为进行推理，继而做出判断。[2]但这样的推理可能是无效的，也无法代表个人的实际表现。

管理者经常从推理的角度来评估一个人的工作表现。你可能会认定某人不够专业，仅仅因为他没有在截止日期之前把事情做完；会快速判定某人表现不佳，仅仅因为他在上次的汇报中没能解答客户提出的问题。但你从来没有回到

---

[1] 当代管理大师、"学习型组织之父"。其代表作《克服组织防卫》中文简体字版已由湛庐引进，天津科学技术出版社于 2022 年出版。——编者注

[2] 阿吉里斯不仅曾是哈佛商学院的教授，还是摩立特集团 (Monitor Group) 的思想领袖。摩立特集团就是我毕业后入职的第一家公司，我在这里第一次接触到了"推理阶梯"的概念。

那些依据本身，去思考和解释为什么自己会得出这样的结论。如果评判某个人不专业或者表现不佳的结论是通过仓促推理得来的，那么这个结论往往是错误的。

推理阶梯与归因理论（见第 2 章）密切相关。当别人出现问题时，你可能会把这件事归咎于他天性中的缺陷。比如，下属的一次汇报没有做好，这意味着他的脑袋不够聪明。而如果同样的问题发生在自己身上，你可能就会认为是因为他人没有为你提供正确的信息，或者电脑不好用，或者是家里的狗分散了你太多注意力。推理阶梯具体示意见图 5-1。

尼科的推理过程

有什么事可不可能指望贾斯珀，他不太靠谱。

贾斯珀总是迟到。

贾斯珀明明知道会议什么时候开始，他是故意迟到的。

会议在上午 9 点召开，贾斯珀 9 点 30 分才来，并且没有说明原因。

判断依据：
会议上午 9 点开始

贾斯珀的推理过程

看来尼科是一个不懂得尊重他人的同事，我不喜欢在他的团队里工作。

尼科总是认为他的时间比任何人的时间都宝贵。

为了参加他的会议，我也耽误了自己的事，但他对此毫不在意。

为了参加尼科的会议，我提前离开了上午 9 点开始的其他会议。

图 5-1 推理阶梯

原因 2，证实偏差

一旦你心中认定某位团队成员表现不佳，就会自然而然地（下意识地）倾向于寻找例证来证实自己的判断。同时你会自动忽略可以反驳这一判断的信息。例如，你认为下属凯西是个不注意细节的人，因为她提交的报告中有一些拼写和语法错误。下一周，你又注意到凯西的一封电子邮件里有一个拼写错误的单词。接下来的一周，在大家开头脑风暴会议时，凯西打印的参考资料数量不够，你又注意到了。于是你的判断得到了证实：凯西的确是个不注意细节的人。然而你却忽略了她今年提交的其他 12 份报告都没有任何错误，她发送的其他数千封邮件也都完美无缺。这就是所谓的"证实偏差"。[1]

绩效改进计划会与推理阶梯、归因理论和证实偏差带来的负面影响相对抗，迫使你列出团队成员绩效不佳的具体表现，并提供对应的例证。作为管理者，你需要投入很多精力才能制订一份有效的绩效改进计划。当然，接受这份计划的下属需要付出的努力也不会比你少。[2] 现在就让我们来谈谈如何制订绩效改进计划。

绩效改进计划的 3 个要素

一份有效的绩效改进计划（参考模板见附录）包含以下 3 个要素：有待改进的地方、接下来的行动计划、明确的时间节点。

有待改进的地方

列出团队成员最需要改进的三四个方面，这些方面应和他们晋升到下一职级所需的能力密切相关。要将重点放在真正亟待改进的地方，重点太多反而会让团队成员困惑，也加大了接下来衡量他们是否进步的难度。同时，要尽可能使用实例来说明。比如，你要举例来说明下属在哪些方面不太注意细节，或者

---

[1] 我们可以通过马太效应来感受证实偏差是如何发挥作用的。马太效应的含义是，富人会越来越富，穷人会越来越穷，这是一种优势的累积效应。在职场中，马太效应和证实偏差几乎是一起发挥作用的：优秀的员工会一直被视作优秀员工，不断获得更好的项目、晋升机会和荣誉。而一名员工一旦被贴上绩效不佳的标签，就很难撕下来了。即使随着时间的推移，该员工的能力在不断提升，但他依然很难摆脱在众人心中绩效不佳的印象。

[2] 绩效改进计划的载体应该是清晰直观的文件。这可以证明管理者和团队成员已经针对绩效问题进行了充分沟通，也采取了相关措施来帮助员工改进绩效。

他们的分析能力在哪些方面没有达到客户的期望。

接下来的行动计划

列出 3～5 项团队成员可以快速开展的行动，以证明他们的确能在上述几方面取得进步。这是绩效改进计划中最难整合的一部分，因为它迫使你找到有助于改进团队成员绩效的具体行动，这些行动就是他们真正需要做出的。如果有可以更客观地衡量团队成员是否进步的指标，请将其加进来吧！

例如，你可以要求某位下属在每周一早上给你发一份未来一周的工作计划，其中会明确列出本周工作安排的优先级。你可以就其中某项重要工作与他展开讨论，如果要取得明显进步，他需要做些什么。这一部分为你的团队成员提供了改进工作的具体抓手，也使得绩效改进计划扮演了一个指导行动的角色，而不仅仅是一份列出员工"罪状"的表单。

明确的时间节点

明确规划你将在何时、以何种方式检验团队成员是否取得了阶段性的进展，以及检验的具体流程是什么。要与团队成员沟通好何时开始执行这份绩效改进计划，以及会持续多长时间。比如，计划会持续两个月，每两周检验一次阶段性进展。

要确保绩效改进计划按时间进行，在关键时间节点落实检验流程，并且持续地给予团队成员反馈。如果某位下属的确取得了明显进步，可以及时终止绩效改进计划。如果某位下属在绩效改进计划结束时取得了一定的进展，但没有达到预期标准，那么可以适当延长绩效改进计划，还可以将其他有效的改进方法增补进来。如果该下属在执行绩效改进计划之后并没有取得任何进展，那么他是时候离开公司了，而最重要的是，这不会令他太震惊。

如何确保绩效改进计划不会失控

你可能会问:"我现在要通知员工去完成一份改进工作的计划,我该怎么做才不至于让场面失控?"

很多管理者乐于给下属制订一份绩效改进计划,理论上下属也愿意将这个计划执行下去。但事态发展往往在管理者与下属初次进行绩效改进计划沟通时就失控了,新任管理者尤其容易遇上这种情况。告诉一个团队成员他表现不佳,并且在公司的位置处于"朝不保夕"的状态,这是一件想想就很恐怖的事情。在指导新任管理者如何进行绩效改进计划沟通时,我通常会花费大量时间,以"角色扮演"的形式提前彩排。以下是一些可供参考的有效沟通要领。

不要有"惊喜"

在开始绩效改进计划沟通前,可直接简明扼要地告诉下属你们要就绩效问题进行一次谈话。比如,可以这样说:"在下次一对一谈话时,我会和你沟通一下目前工作中有待改进的地方,并谈谈我们要如何一起努力提升你的绩效。"这里会不可避免地发生一点摩擦:如果你在沟通前一天发送了通知邮件,你的下属会花24小时为此事而焦虑;但如果你没有任何提前通知就开始沟通,下属会感到震惊和措手不及。其实如果你在日常工作中已经养成了给予下属即时反馈的习惯,他们就不会对绩效谈话如此震惊。所以如果他们真的非常惊讶,请反思一直以来你是如何与他们进行绩效沟通的。总之,不要让你的团队成员对一份绩效改进计划感到惊慌失措。

尽可能与团队成员共同制订绩效改进计划

当你开始沟通绩效改进计划时,需要将团队成员有待改进之处和接下来的行动计划整理并打印出来,并与对方一起浏览。但是,不要把这份草稿当成定稿。对于如何提升绩效的具体行动，团队成员可能有自己的想法，可以将其中你认为可行的想法添加进来。所以，要尽可能与团队成员共同制订绩效改进计划。作为管理者，你可以为团队成员提升绩效指明大方向，但落实到具体执行层面，你需要和他们一起探讨细节。

向团队成员传达你的理念

在与团队成员的沟通过程中，一定要强调你制订绩效改进计划的理念：你想通过这个工具帮助员工渡过绩效难关，并且确保作为管理者的自己可以为此做些什么。你要强调：提出绩效改进计划不是为了变相地赶走某个员工，而是要致力于改进团队成员的工作方式。在团队成员开始执行绩效改进计划前，一定要让他们明确这些理念。

制订绩效改进计划的指导原则

管理者在使用绩效改进计划时还需要了解其他原则：

1. 制订绩效改进计划不需要挑时间，一年中的任何时刻都可以是起点。
2. 一定要让绩效不佳的员工尽早参与到绩效改进计划中来，这意味着他们能尽快提升绩效，从这份计划中受益。
3. 绩效改进计划的适用对象一般是未能支撑岗位职责、没有达到管理者预期的团队成员。这意味着该员工将很难获得晋升，因为他的能力达不到下一职级的要求。
4. 在结构和管理流程上，整个团队的绩效改进计划应该一致。每一个参与绩效改进计划的员工都需要管理者给予同样的精力和关注。
5. 绩效改进计划并不是变相辞退员工的手段。相反，它明确提供了提升绩效的方法、评判标准和时间节点。我们经常会为那些因参与过绩效改进计划而获得晋升的团队成员感到欣慰。

6. 绩效改进计划不应该让团队成员惊慌失措。管理者至少要在书面文件整理完成之前口头通知下属绩效改进计划中的主要内容。在理想情况下，团队成员在完成绩效改进计划的整个过程中都能收到即时反馈。

几年前，我有一位名叫玛丽的同事工作十分努力，但似乎很难取得进步。在她遭遇瓶颈的时光里，与她职级相同的人基本都获得了晋升。玛丽的直属领导扎拉把这一切看在眼里，也给她提出了很多改进绩效的建议。玛丽为此花费了更多时间来努力改进，但结果她的表现更糟糕了。最后我们终于让扎拉为玛丽制订了一份正式的绩效改进计划，里面明确解释了为什么玛丽会绩效欠佳。这迫使扎拉给出更精准的反馈，即使有些话一定会让玛丽难受。调整绩效改进计划的过程也让我们意识到，其实扎拉从来没有给出过真正能改进玛丽工作的强有力的反馈。猜猜接下来玛丽是如何对待这份绩效改进计划的？她松了一口气，并且精神满满地接受了它，因为她终于知道具体需要怎么做才能改进自己的工作了。于是玛丽投入绩效改进计划当中，并提前完成了目标。到了那年下半年，玛丽已经成为公司最优秀的员工之一，并获得了晋升。

请把绩效改进计划这个工具用起来吧，你的生活一定会变得更轻松。它能帮助你洞悉团队成员在工作中掉队的原因，并及时帮助他们进步。同时，它会将你在公司中指导他人进步的具体行为记录下来。我不能确定会不会有员工在与你沟通绩效改进计划时突然离场，然后再也不回头。但如果你愿意花费时间深思熟虑，制订一份具体可行的绩效改进计划，那么这种事发生的可能性微乎其微。

BRINGING UP THE BOSS
新任管理者快速成长清单

1. 只要善用绩效改进计划,并持续地即时反馈,就能帮助团队成员提升绩效、收获成长。

2. 一份有效的绩效改进计划包含 3 个部分:有待改进的地方、接下来的行动计划、明确的时间节点。

3. 要想积极推广绩效改进计划,就要培养一种团队文化:为员工的进步而庆祝,或沟通说明该计划的正面意义和价值。

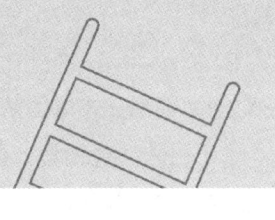

BRINGING UP THE BOSS
像高效管理者一样思考

设计绩效考核流程的原则是什么

有经验的管理者可能会注意到,这一篇没有提到有关年终绩效考核的内容。多年以来,我进行了无数次绩效考核,并帮助初创公司设计和实施了各种各样的绩效考核流程。还有一些绩效评估流程,严格说来不能算绩效考核,也不完全是每年度进行一次,但大体上与标准的绩效考核流程一致。本书中没有标准绩效评估的章节的原因是:绩效考核是没有所谓标准流程的,设计绩效考核流程的方法有很多,大批研究人员与企业投入了大量资金,试图找出哪些绩效考核模式是切实可行的,哪些是无效的。这导致公司花费大量的时间和金钱来完善绩效考核体系,而接下来这个体系还会被重新调整。因此,管理者们用来填写文件、审查员工绩效的时间也大幅增加。但后来的结果证明,大家大部分时间都做了无用功。所以管理者们厌恶绩效考核,而等待考核结果的员工也倍感焦虑,毕竟他们不知道自己即将得到怎样的评价。

在设计绩效考核流程时应该遵循这样的原则:它有助于记录员工完成工作

的进度及表现优劣,这对于那些想在发展团队这件事上"偷懒"的管理者们来说是很好的强制机制。①一个优秀的管理者,更应该看重全年持续的即时反馈,以帮助团队成员成长与发展。更重要的是,一旦你发现需要通过绩效改进计划来提升团队成员的绩效,就请尽早开始,不要等到每半年或每年一次的常规绩效考核来了再说。同时别忘了,明确对团队成员的岗位期待至关重要。这样等到考核结果来临时,你的成员才不会因为绩效没有达标而惊慌失措。所以,你可以给团队成员打分,填写绩效评估表格,进行正式的谈话……但千万别以为年终绩效考核就是团队绩效管理的全部。

---

① 我认识一位管理者,他每天都会写下"绩效日记",一年四季从未间断。这其实是一个文本文档,里面记录了所有团队成员的工作进展和绩效情况。每到年终总结的时候,他都可以轻松地举出一大堆与团队成员绩效表现相关的具体例子。我非常喜欢这个方式,如果他能在其中多加一项——管理者是否给每个团队成员提供了即时反馈,那就更好了。

BRINGING UP THE BOSS
Practical Lessons For New Managers

第 2 篇

如何激励员工充满干劲

BRINGING
UP
THE
BOSS

导读

　　你还记得自己全神贯注地工作而忘记时间流逝的感受吗？当你抬头看表时，发现几小时居然就这样不知不觉地过去了！这是进入了一种心流状态：需要完成的任务让你感到欢欣鼓舞，你的大脑沉醉其中，你在学习新知，你在感受挑战。你甚至忘了吃饭，忘了洗澡。当终于完成任务时，一种巨大的成就感冲击着你，将你淹没。你叉着腰站在一旁，心满意足地看着自己的"杰作"。更让你有成就感的是，你生命中最重要的人同样为你的成果感到骄傲，他们会兴致勃勃地向别人"显摆"你的丰功伟绩。

　　以上描述的就是动机带来的结果。简单来讲，动机就是你想要完成某事的动力和欲望。动机可以来自内部，比如渴望学习，渴望迎接新的挑战；也可以来自外部，比如渴望物质与地位。但不管怎样，激励机制对组织管理十分重要。管理者的主要职责之一就是激励团队成员发挥出自己的最大价值，并为自己的工作感到骄傲。

激励团队成员的方式有很多，包括每次开会前唱一首歌。但同样的激励方式不会对每名团队成员都有效。在 1～5 章中，我们主要探讨了如何帮助团队成员更好地完成工作。接下来的几章将讨论如何让团队成员对手头的工作感到兴奋。但要知道：这件事有时跟钱没关系。有时，对学习一项新技能的渴望会成为团队成员的巨大动力，甚至这种渴望并非因为现在的岗位需要这个新技能，他们就是喜欢学习新事物、接受新挑战。当然，大多数时候让我们起床的不是梦想，而是冷冰冰的工资。不同的激励机制往往各有利弊，有时还会产生意想不到的后果，需要权衡。在接下来的管理之旅中，我们将探索如何让你成为团队中的托尼·罗宾斯（Tony Robbins）[1]！话不多说，让我们直接进入激励环节。

---

[1] 美国励志演讲家与畅销书作家、潜能开发专家。其作品在全世界已有十多种译本，受益者不计其数。——译者注

BRINGING UP
THE BOSS
Practical Lessons For New Managers

06
完善激励机制

我每次面试求职者时,最喜欢问的问题就是:"目前的工作,你喜欢的是哪部分?你每天上班的动力是什么?"这样的问题能够打开一个人心灵的窗户。我可以了解这位求职者的驱动力是什么,以及他如何从日常工作中获得意义感。答案通常五花八门:有些人是因为喜欢和自己并肩战斗的同事,所以他们谈起团队成员时可谓是滔滔不绝;有些人喜欢自己岗位需要面临的挑战,并讲述了他们是如何通过学习来提升自我的;还有一些人则谈到了自己践行企业愿景的使命感;甚至有一个人说自己喜欢现在的工作纯粹是因为通勤时间短(他没有开玩笑的意思,所以接下来他被淘汰了)。

每个人工作的动机各不相同。作为团队负责人的你,能否回答以下问题?

- 我的团队成员最喜欢承担什么类型的工作？
- 如果我的团队成员离职，原因会是什么？
- 奖励或者表扬每名团队成员的最佳方式是什么？

作为一名管理者，了解每位团队成员的独特动力，是如何激励、发展和组织团队工作，以获得最大工作动机的关键。在我们讨论动机的具体杠杆（如金钱、学习新技能或获得晋升）之前，了解每个人在动机模式上的差异是很有必要的。就像寻找约会对象一样，每个团队成员都有自己喜欢的或正在追寻的事物，这就是他们的动机。就像一个红娘或者社交软件一样，作为管理者的你需要把团队成员的动机与他们的工作匹配起来。**想要完善激励机制，就要先去了解每个团队成员的独特动力是什么。**

马斯洛需求层次论认为，每个人都有一套基本的需求模式，最基本的需求（如衣食住行）得到满足后，人们才会尝试满足自己更高层次的需求（如实现自我价值）。

在马斯洛需求层次论提出后的 20 年间，心理学家戴维·麦克利兰（David McClelland）探索了人们一系列差异化的后天需求。他重点研究了成就需求、权力需求和社交需求如何影响着每个人的动机，尤其是在工作环境中。每个人都被这三种需求共同驱动着，但大多数人的主要驱动力只有一种。例如，尽管渴望权力和社交也在我的动机中发挥着作用，但我的主要动机可能是获得成就感。还是拿寻找另一半来打比方吧，这不是一个非此即彼的问题，比如"我"的理想型必须温柔和善，要不然就必须头脑聪明。相反，这是一个"抓大放小"的过程，比如"我"的理想型一定要温柔和善，如果头脑聪明就更好了（当然，他没必要像核物理学家麦克阿瑟那样，虽然是个天才，但有些急躁）。

因此，要想成为一名优秀的管理者，理解麦克利兰的三重需求，找出驱动团队成员的主要需求，这对于如何分配工作及如何通过表扬与奖励来使员工创造更大价值都是十分必要的。如果团队成员的主要需求没有得到满足，那么他们很可能在工作中丧失动力。而一旦动力丧失，接踵而至的就是工作效率降低、工作满意度下降，最终他们可能会选择离职。

假设有这样 3 名员工：凯蒂、玛丽和劳拉，分别代表麦克利兰的三种需求，以此进行分析和说明。

如何激励有成就需求的成员

凯蒂对成就感有着强烈的渴望，她热衷于设定并完成目标。在这一过程中，凯蒂喜欢看到自己的进步和成长，也希望能定期收到反馈。工作对她的吸引力，一定在于可以通过努力来创造价值、获取成功。凯蒂的日常爱好有徒步旅行、健身和品尝法国红酒。

管理凯蒂的最佳方法是什么？

- 晋升对凯蒂来说十分重要，因为这是进步的明显信号。管理者要确保她知道何时、以何种方式才能获得晋升。
- 如果某个项目取得的成果可以明确归功于某人，那么请让凯蒂来承接这样的项目。她会喜欢项目带来的挑战，而且这个项目取胜的关键不是靠运气，而是靠努力。
- 确保凯蒂有明确的季度 / 年度目标。管理者可以与凯蒂一起设定这些目标，并在目标达成时一起庆祝。
- 要在凯蒂完成任务时及时表扬她，并且要肯定她对完成任务的具体贡献。

如何激励有权力需求的成员

玛丽的主要需求是权力。她喜欢竞争，也希望自己具有影响力。玛丽喜欢在任何情况下都能掌控全局，因为她渴望责任感和支配权，并愿意为此驱驰。玛丽非常喜欢在辩论中取胜，在工作中获得地位和声望。她还喜欢深色头发，喜欢竞技类运动，在美食方面也有自己的品位。如果你邀请她玩一场纸牌游戏，她多半不会拒绝。

管理玛丽的最佳方法是什么？

- 如果你要奖励玛丽，最好的方式是给予她更多的责任和项目管理权。对玛丽这类员工来说，最大的奖励就是给予她管理个人或者团队的权力。
- 在玛丽做出正确决策或提供正确的工作方法时及时表扬她。为此你需要确认玛丽的想法对决策制定或项目推进是有效的。然后向更上级汇报对象发一封电子邮件（密送或抄送玛丽），向他们表扬玛丽的出色表现，这对她来说将会是一种莫大的鼓励。
- 给玛丽指派具有竞争性的工作（如销售工作等）。
- 在公司团建或者聚餐时，玛丽会在仅供消遣、缓解气氛的垒球比赛（或其他同类型的游戏）中辗压全场。哪怕只是用棉花糖堆一个塔，她都能总结出打败竞争对手并拿下订单的方法。

如何激励有社交需求的成员

劳拉的主要需求是社交。她喜欢对某个团队或组织有归属感，这也是她在职场中的动力来源。劳拉喜欢和同事一起合作来完成工作，并在这个过程中培养彼此的依赖感。因为这种忠诚度，劳拉一般会在某个企业或组织工作很长时间。在日常生活中，劳拉喜欢户外运动，尤其是一些冬季运动项目。她还喜欢阅读一些纪实文学，或者做一些其他的脑力工作。

管理劳拉的最佳方法是什么？

- 确保劳拉始终感觉自己是团队的重要成员，被团队认可和接受。花时间与劳拉建立个人友谊，并为指导她的工作创造空间。随时观察她的职场动态，尤其要在她感觉遭到团队排斥时给予帮助。
- 在劳拉给团队或企业文化带来积极影响时表扬她。
- 鼓励劳拉积极参与需要建立合作关系尤其是需要跨部门合作的项目，让她在其中承担主要角色。

既然已经了解了三种基本需求，那么管理者接下来该做些什么呢？我的建议很简单，那就是了解每名团队成员的工作动机，及其主要需求类型。请观察一下，是什么让你的团队成员感到兴奋？哪种表扬方式最能引起他们的共鸣？你甚至可以在办公室里随意发起一次小型竞赛，看看哪名员工的好胜心最强（你会发现谁的权力需求更大）。和员工聊天时，问他们最喜欢自己工作的哪一部分，是什么支撑着他们每天早上起床上班。他们的答案可以告诉你很多信息。

对于那些喜欢搞"战术"的管理者，当有新成员加入团队时，我推荐你们使用"动机调查表"（详情见附录）。这是一个非常简单的表格，包含一系列有助于了解新成员的喜好或适合的激励方式的问题。这个表格的神奇之处不在于他们填写的具体答案，而在于它开启了你与下属之间的沟通之旅。它可以提前让团队成员真诚而坦率地指出他们喜欢以何种方式接受反馈，希望在什么时候受到表扬，以及最在意工作中的哪一部分。它可以帮助你理解团队成员的主要需求和动机，消除一些关于管理团队的不必要的猜测。

动机的三种驱动模式让我想起了"爱的5种语言"，即人们接受和表达爱的 5 种不同方式。① 我其实觉得"爱的 5 种语言"这种概念听起来有点可笑。通常一段关系结束时，其中一方会以"没用共同语言"作为分手的理由。我们经常会听到这样的话："我的女朋友把我甩了，因为我没有给她买生日礼物。但她应该知道，我表达爱的方式是日常生活中的贴心和关爱，而不是送礼物。"爱的语言理论好像成了我们不愿顺着伴侣的脾气来表达爱的借口。在现实中，我们希望一段亲密关系中可以包含所有类型的"爱的语言"。我们希望另一半有时间陪伴我们，也希望节日有礼物，日常有关爱，当然也不能少了甜言蜜语。就个人价值观而言，某些语言确实比其他表达爱的方式更能打动我，但你可以问问任何能维系长期且幸福的亲密关系的人，没有谁能只凭一种爱的语言就走到今天。

这也是我对动机的看法。每个团队成员的工作动机背后都有一个主要的需求，了解他们的需求并为其量身制定管理方式是非常重要的。激励机制和维系亲密关系一样，属于复杂问题。团队成员的工作动机会受到多种因素影响，我们不能只关注某人的主要需求而对其他需求视而不见。因此，要尽可能地了解团队成员的各种驱动力，一名优秀的管理者会不断为员工调整出更契合实际需求的激励机制。

BRINGING UP THE BOSS
新任管理者快速成长清单

1. 想了解员工的最佳激励机制，就要先去了解他们的工作动机。

---

① 爱的 5 种语言包括肯定的话语、服务行为、礼物、高质量的陪伴时光和身体接触。

2. 每个人都受到三种主要需求的驱动：成就需求、权力需求和社交需求。

3. 找出员工工作动机的最佳方式是：在聊天时直接问问他们的主要需求，或善用"动机调查表"。

4. 团队成员的工作动机会受到多种因素影响，不要只关注他们的主要需求，而对其他需求视而不见。

BRINGING UP
THE BOSS
Practical Lessons For New Managers

07
制定并合理有效地使用目标

不久前，我电话随访了一家处于扩张期的初创公司的市场营销经理金。她是一位非凡的管理者，富有同理心，能给予团队成员有力的支持，并且擅长安排工作的优先级，让团队条理清晰地向目标迈进。当时金正在为如何再度提升团队成员的实战能力而煞费苦心。在通话中，她谈到了那一周发现的一个惊人事实：她的营销团队有一整套年度目标，但她无法看出团队成员在实现这些目标过程中的个人具体贡献。她注意到自己公司的运营团队有一个庞大而详细的电子表格，里面一丝不苟地列出了每个团队成员的目标，并且该团队明确公开了每个团队成员需要完成的任务。这个团队因此而受到公司赞扬。于是金想出了一个让自己的团队更具战略性的办法：制定更多细化的目标。接着，金兴奋地讲述了她的团队将如何在接下来的几周内也创建一个类似的电子表格，以便详细列出团队成员的任务和目标。

不难看出，金对自己的计划充满了期待，但我也不得不表达出自己的担忧：在未来的一年中，你如何追踪并落实这些目标？这些目标的设立可能会催生出员工的哪些行为？假如公司的大目标会随着市场环境变化而发生改变，那么团队成员该如何及时更新他们的个人目标？这次目标设立的尝试，会不会浪费了团队成员大量的时间和精力，却并没有给他们的工作带来实际帮助？设立这些目标真的会激励你的团队吗？

金的情况在我的学员中并不是个案。通常在每年的12月或1月，大多数企业管理者都会为制定新的年度目标而枕戈待旦。他们会和我谈到目标设定、目标延展、关键绩效指标（Key Performance Indicators，简称KPI）、个人目标、目标与关键成果法（Objectives and Key Results，简称OKR）、SMART目标管理原则[1]、大胆冒险的目标以及其他各种类型的目标。可以说，我见过的所有企业管理者都对制定目标有执念。目标让我们觉得安全、有成就感，让一切显得条理清晰；目标让我们觉得整个团队都在朝着同一个方向迈进，让我们得以在纷繁混乱的日常中找到一种秩序。和金一样，我们总是对制定一套新的目标感到兴奋，希望这些目标能够激励团队的每一位成员，并且解决他们在协同工作和处理优先级方面的问题。

有效目标的5大特点

你可能也遇到过与目标制定有关的匪夷所思之事：你定下某个目标，完成了目标，然而得到的奖赏是……更多的工作？这是否意味着在接下来的一年里，你得确保直到年底才能完全实现目标？或许你比预期更快地提前完成了目

---

[1] SMART目标管理原则是一套员工绩效考核标准和工作法则，其中S指Specific（具体的）、M指Measurable（可量化的）、A指Attainable（可行的）、R指Relevant（有价值的）、T指Time-bound（有时限的）。——译者注

标，然后心生懈怠，接下来随波逐流？又或许你会执着于一定要在这一年的最后一天完成销售目标，即使你知道新年第一天再完成也不会有什么影响？或许你的团队只是围绕收入来制定目标，却忽视了净利润和团队的运营效率？又或许你花费了大把时间列出了一张完美的目标清单，然后就再也不会看一眼了？

管理者的确需要为下属和团队制定目标。目标有助于激励团队成员，指导他们的行动，促使他们坚持不懈地努力工作。目标是期望值的重要组成部分，这一点在第 1 章中已有论述；目标对个人职业发展规划而言也是不可或缺的，这一点在第 3 章中已有论述。

学会识别真正有效的目标

尽管目标几乎无处不在，但我们必须认识到制定目标是一把双刃剑，既有好处，也有坏处。如果目标制定不当，可能会给员工带来巨大的压力，滋生员工的不道德行为，降低团队积极性，最终导致适得其反的结果。坦率地说，这样只会浪费大量的时间。**因此，卓有成效的管理者需要制定能真正激励团队的目标，合理有效地使用目标，同时明白什么时候无须在意目标。**

首先，我们讨论一下什么是真正有效的目标。大量研究表明，有效的目标通常具备以下特点[1]：

- 稍有难度但并非毫无希望实现。这意味着你的团队可以在应对挑战的过程中不断进步，最终实现目标。
- 具体且明确。比如，同样是目标，"尽你所能"就远远比不上"招到 6 名合格的工程师"。
- 有时间限制。有一个明确截止日期的目标总是更好的。

---

[1] 目标设置理论的奠基人是埃德温·洛克和加里·兰瑟姆，他们有数百项相关的研究和报告。

- 引入反馈机制。这意味着，一个团队成员如何完成目标，或者为何没有完成目标，都有迹可循。
- 拥有团队的承诺和支持。当你的团队成员立下自己的专属目标时，他们对目标也有了一份郑重的承诺和实现它的渴望。

这听起来很简单，对吗？制定目标对大多数人来说已经成了一件稀松平常的事情，毕竟我们从幼儿园起就会做这些了，以至于很少有人能对"制定目标并为之努力"这件事三思而后行。

那么，目标制定不当究竟会带来怎样的严重后果呢？毕竟目标看上去只是笔记本或者幻灯片上的几行字而已，再坏能坏到哪里去呢？这件事值得我们继续讨论。

远离 5 种"可怕"的目标

会导致员工行为失当的目标

如果完成目标会让员工在不经意间行为失当，甚至在极端情况下，可能导致员工出现不道德行为[①]，那么这个目标是非常可怕的。我曾经在一家公司担任团队领导，我们的年度目标是给公司带来 2 000 万美元的收入（我们必须售出 2 000 万美元的咨询项目）。接下来发生的事情是：为了完成目标，我们出售了一大堆项目，但并没有考虑交付这些项目的成本。我们甚至不惜花费 60 万美元去拿下一个价值 50 万美元的项目。谁让我们的目标是"收入"而不是"净利润"呢？最后，在实现年度目标的同时，公司不得不裁掉一大批员工。这样的目标实现了又有什么价值呢？

---

① 这里有一个非常典型的案例：一位老师为了让学生在全州拿到更好的名次，不惜篡改其考试分数（资料来源：Rachel Aviv, "Wrong Answer," *New Yorker* 21 (2014), 54–65）。

有些企业对完成某个目标过于执着，甚至到了不惜放弃道德底线的程度。美国富国银行曾以尽可能提高开户成功率为目标激励员工，为了实现这个目标，大量银行工作人员在未经客户授权的情况下为他们开设了新的信用卡账户和储蓄卡账户。美国当局表示，这种行为属于"员工利用欺诈手段来实现不切实际的销售目标"。虽然表面上看，这些银行家实现了目标，但最终等待他们的是 30 亿美元的罚款和遗臭万年的骗子名声。优步（Uber）也曾陷入类似的泥潭之中：为了实现"不惜一切代价打败竞争对手"这个目标，优步使用了一种名为"灰球"（Greyball）的虚拟应用程序，帮助其平台司机躲避当地执法部门的调查。这造成了优步的严重失信，等待它的还有美国联邦当局的调查。而使用"灰球"也是优步创始人特拉维斯·卡兰尼克（Travis Kalanick）被驱逐出自己公司的重要原因。

过于具体的目标

如果你制定了一个过于具体的目标，并且把目光聚焦于完成目标本身，你可能会失去大局观。我经常见到初创公司这样做：给员工定下"拿下 x 个订单"这样具体的目标，却忽略了如何做才能使公司可持续发展。我们执着于拿下订单，却没有考虑公司是否有持续盈利的能力，运营效率如何，或者其他能让公司实现增长的重要特质。

会使我们短视的目标

目标有时会困住我们，让我们看不到其他机会或创新领域，因为那些都存在于目标限定的范围之外。目标会使人一叶障目，不见泰山，所以即使已经立下了一个目标，也要允许自己灵活地转变方向，尝试一些新事物，甚至为此冒险，这是一种重要的能力。我发现很多快速发展的公司对制定并坚持完成年度目标的执念近乎疯狂，即使公司在未来几个月内可能会发生巨大变化也是如此。对初创公司来说，执着于完成目标可能会阻碍公司及时调整方向，以应对竞争对手或市场发生的变化，这会造成严重的后果。

2020年初爆发的新冠肺炎感染事件为我们提供了一个典型的案例：尽管几个月后世界发生了翻天覆地的变化，但那些仍然坚持完成年初制定的目标的公司，与那些允许自己放弃既定目标、在新的大环境下重新开始的公司相比，显得反应迟钝、略逊一筹。

过多的目标

当你制定了太多目标时，出于人类趋易避难的天性，你会很自然地把注意力放在容易完成的目标上，然后逐渐放下那些难以完成的目标（见图7-1）。我称之为"待办清单效应"，通常你会写下一长串待办事项，然后迅速地把注意力转向那些很容易做完就划掉的事情上（比如刷牙）。我们会专注于那些无意义的任务，而不会优先考虑什么才是决定成功的关键目标。

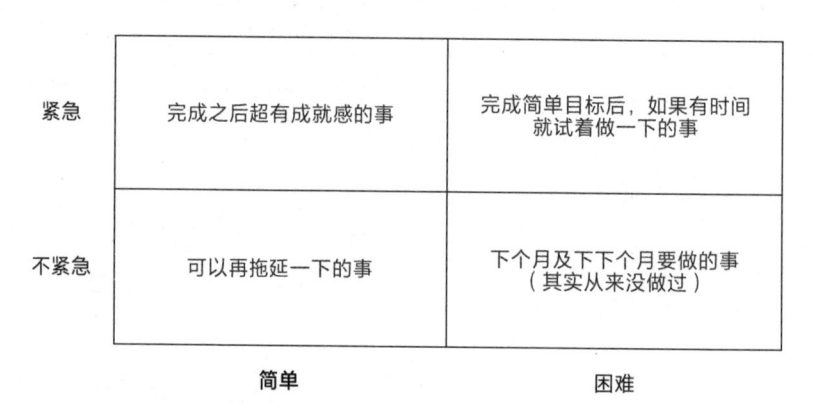

	简单	困难
紧急	完成之后超有成就感的事	完成简单目标后，如果有时间就试着做一下的事
不紧急	可以再拖延一下的事	下个月及下下个月要做的事（其实从来没做过）

图7-1 不同的目标

无法完成的目标

如果我们无法完成目标，那么目标最终会成为一个使我们丧失动力的存在。你可能有过这样的经历：差一点就要完成目标了，但还是没有完成。比如你的目标是今年拿下 20 个订单，结果年底时你拿下了 18 个订单，为此你认为自己是个失败者。这是一种"损失厌恶心理"，第 8 章我们会讨论这个话题，并举例说明。在目标既定时，损失厌恶心理发挥着巨大的作用：将要完成却没完成目标时的难过，要远大于稍微超额完成目标时的快乐。请想想看，如果你年底拿下了 21 个订单，这件事能有多了不起？这时目标让你觉得自己是个彻头彻尾的失败者，而不是动力满满。

我现在大概已经成为目标制定领域的"黛比·唐纳（Debbie Downer）"[①]了。作为管理者，目标存在的意义是让团队得到鼓舞、不断成长和发展、敢于迎接挑战，好的目标完全可以做到这些。如果你想让目标为自己的团队赋能，那么请牢记：

1. 认真思考目标会催生哪些行为，以及当团队成员完成目标时可能会发生什么。
2. 在团队成员实现目标的过程中，不断给予反馈。建立将目标融入日常工作中的机制和环境，不要让它成为一个只需每季度撰写一次的文档。
3. 不要制定疯狂的延展目标，以及未完成目标的惩罚，尤其是需要迫使你的团队通过某种行为（比如过度加班）才能完成这些目标时。
4. 如果你正在制定目标，请确保这个目标足够具体、能让团队成员接受、有时间限制，并且有意义。
5. 将目标视为可动态变化的，鼓励团队成员根据实际情况改变目标，当团队成员放弃应该放弃的目标时，你们应该举杯庆贺。

---

① 黛比·唐纳是美国综艺节目《周六夜现场》（*Saturday Night Live*）的出场角色之一，由演员瑞秋·德拉彻（Rachel Dratch）饰演。该角色总在大家的兴头上说一些扫兴的话，因此"黛比·唐纳"也成了"扫兴的人"的代名词。——译者注

我很喜欢瑜伽中的一个理念,它听起来像个悖论:坚持练习但不执念。这个理念让我们对手头的任务投入百分之百的精力,并为此坚持不懈地努力。但不管最后结果如何,我们都要从中超脱,不以努力后的结果为导向,努力本身就是导向。公元前 400 年的瑜伽修行者们为今天的目标制定者提供了一个心法:目标可以激发我们的灵感,激励我们的行动,让我们欢欣鼓舞,但是不要让完成目标成为我们努力的理由。

BRINGING UP THE BOSS
新任管理者快速成长清单

1. 只有制定真正激励团队的目标,并合理有效地使用目标,同时明白什么时候无须在意目标,才能让目标真正有利于团队。

2. 真正有效的目标具有 5 个特点:
   - 稍有难度但并非毫无希望;
   - 具体且明确;
   - 有时间限制;
   - 搭配反馈机制;
   - 拥有团队的承诺和支持。

3. 要与团队成员一起制定目标,并充分考虑某个目标可能会带来的利与弊。

4. 不要让完成目标成为团队成员努力工作的唯一理由。

BRINGING UP
THE BOSS
Practical Lessons For New Managers

08
向员工明确薪酬体系

有一次，我和一家公司的管理团队分析他们最新的员工满意度调查结果。该管理团队非常重视这次调查结果，并且愿意认真分析公司在哪方面做得让员工最为不满。猜猜看，哪句话在整个调查中被打了最低分？

答案是："我获得了公平的薪酬。"没错，员工对自己的工资是最不满意的。对此，管理团队立刻切换为"诊断模式"，试图分析为什么员工在薪酬方面的满意度会比其他方面低这么多，明明公司的薪资待遇基数并不低，在行业内也处于领先水平。我非常欣赏该管理团队为提升员工满意度而做出的不懈努力，但我参与的每一次员工满意度调查都会遇到相同的问题。

每个人都希望得到更多的报酬。每个人都认为自己的才华和能力远没有得到足够的回报。只要有一个匿名的机会，每个人都会告诉他的领导或者领导的上级：工资太低了。如果我拿到一份员工满意度调查结果，上面显示所有员工都觉得自己现在的工资很高，那么我会担心的，毕竟这太不合常规了。

毫无疑问，真金白银使人充满干劲。这让很多管理者误以为增加薪酬是激励团队的最重要方式。他们认为，只要薪酬问题得到解决，只要有奖金，所有团队成员都会斗志昂扬、全情投入，并且能够自发解决任何困难。在日常工作中，我注意到每当初创公司获得下一轮融资时都会发生这样的现象：当现金流入时，管理者们的本能反应就是给员工加薪，并且期待以此解决员工当下的所有不满情绪。但这很难奏效。

薪酬管理是一件有趣的事情。有研究表明，给予过多物质激励可能会降低人们做某事的积极性，而人们单纯地认为这件事有挑战性或有意义时会更有干劲。或许你本以为通过奖金可以鼓励员工创造更大的价值，但实际效果却大相径庭。比如公司的内推奖金制度，真的帮助你们更快找到了合适的人才吗？如果让员工意识到，这是他们可以自己做主参与公司建设的机会，而不仅仅是拿到一笔钱这么简单，那么效果会不会不一样？

薪酬的确是激励团队的重要工具之一。但是，在将其视为鼓舞士气的万能钥匙之前，必须明白在什么情况下奖金可能会带来反作用，以及这背后的原因是什么。想要成为一名优秀的管理者，就必须知道什么时候钱是管用的，更需要知道什么时候有钱也不管用。

薪酬激励为何会起反作用

损失厌恶心理

当我们认为本该属于自己的利益被夺走时，那种感觉真的非常沮丧、特别沮丧。这个概念就是"损失厌恶心理",由行为经济学家丹尼尔·卡尼曼（Daniel Kahneman）①和阿莫斯·特沃斯基（Amos Tversky）提出。卡尼曼和特沃斯基发现,损失比收益带来的影响更大。比如,你在街上捡到10美元,这件事不会让你多高兴;但如果你丢了自己口袋里的10美元,这件事一定会让你非常沮丧(见图8-1)。因此,从激励机制的角度来看,如果我们设立的目标是今年赚10万美元,但最后只赚了9.5万美元,这件事的负面影响要远远大于目标9万美元但最后赚了9.5万美元带来的积极影响。其实最终都是得到9.5万美元,我们对两种情况的感觉不应该差别那么大。但人类有非理性的一面,所以我们做不到一视同仁。

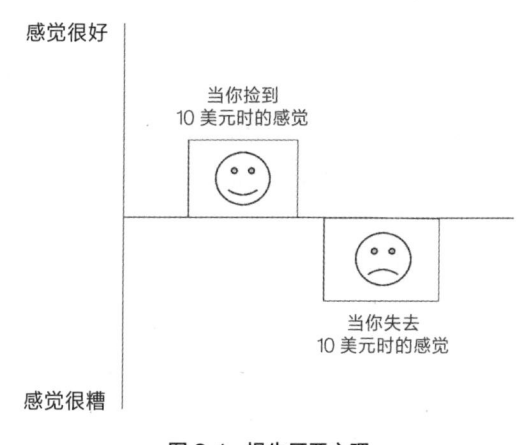

图 8-1 损失厌恶心理

举一个现实生活中的小例子,我曾经在一家初创公司做年终绩效考评,并以此作为年终奖发放数额的依据。该公司由15名员工组成,其中大部分人都表现不错,有两三名员工属于业绩非凡的,有两名员工属于略低于平均水平但依然可以留用的,还有一名员工业绩不佳。员工年终奖的基数约为3 000美

---

① 诺贝尔经济学奖得主、"行为经济学之父"。其最新代表作《噪声》已由湛庐引进、浙江教育出版社于2021年9月出版。——编者注

元，这是我们在年初时就明确和大家沟通过的数字。对于表现非凡的员工，我们发放了 120% 的年终奖，也就是他们可以多拿 600 美元；对于表现略低于平均水平但仍可以留用的员工，我们少发了 10%，也就是每人 2 700 美元；对于业绩实在不佳的那名员工，我们请他离开了公司；其余人则每人 3 000 美元。

猜猜接下来发生了什么？那些业绩非凡的员工虽然比其他人多拿了 20%，他们很感激，但同时又很沮丧。他们会很自然地想到：难道我这一年就是为了这额外的 600 美元卖命吗？而那些少拿了 10% 的员工为此勃然大怒，即使只少了 300 美元，但是他们会觉得本该属于自己的钱被公司剥夺了。这种做法最终带来了非常大的负面影响，此后公司需要为此投入的时间和精力远远超过了 300 美元。

我并不是想告诉你，无论如何都该给团队成员发放全额年终奖。我只是想提醒你，损失厌恶心理给公司管理造成的影响比你想象的要大很多。

公平理论

人们都非常关心同事的收入。20 世纪 60 年代，心理学家约翰·斯塔西·亚当斯（John Stacy Adams）提出了公平理论的概念。该理论指出，一个人的动机与他对公平的认知以及其周围环境是否公平的看法有关。换句话说，人们更在意的是相对价值，而非绝对价值（但这在经济学上是不成立的）。如图 8-2 所示，假设卡罗琳和同事路易斯的年薪都是 10 万美元，卡罗琳会坦然接受；但如果她知道自己年薪涨到 11 万美元时，同事路易斯的年薪是 12 万美元，那么她宁可放弃多出来的 1 万美元也要辞职，因为她觉得不公平。

让我告诉你一个公平理论造成破坏的案例。利娅是一家小型非营利公司的运营总监，她刚刚入职时充满激情，因为这个岗位所承担的角色正是她期望已久的，而且报酬丰厚。这份工作的薪资比利娅之前的工作薪资略高一些，也与同行业中的同类型职位收入相当。但是大约三个月以后，公司的执行董事塞利娜发现，利娅逐渐表现出懈怠的状态：她在日常工作中不再那么积极主动，而是等待塞利娜分配任务；她甚至开始每周五下午请假，理由是工作压力太大。

图 8-2　公平理论

很快，塞利娜就弄清楚了背后的原因。原来利娅偶然得知她的同事梅格的收入比自己多 1 万美元，但她觉得梅格的业务能力和自己差不多。对于这种不公平现象，利娅只能默默地愤怒，然后用自己的方式讨回公道：她开始尽可能地多休息，少干活。这就是公平理论带来的影响，不管她的收入水平是否符合市场价，也不管她是否应该对自己的收入感到满意，这种影响都是存在的。

程序正义

决定薪酬的过程往往比最终的结果更重要，因为这涉及"程序正义"的概念。这个概念可以解释生活中的很多现象，尤其是人们面对薪酬待遇时的反应。程序正义告诉我们，当决策过程高度透明，并且允许个体高度参与时，无论个体是否同意决策结果，他们都更容易支持这项决策。换句话说，当你参与决策时，即使你不接受最后的结果，你都会觉得好受一些；但如果你没有参与决策过程，即使最后的结果正合心意，你也不会觉得舒服到哪儿去（见图 8-3）。

程序正义对构建一种反压迫的团队文化尤为重要，因为如果我们不分享决策过程，只公布既定结果，很可能会在无意中破坏本该公正的权力结构。

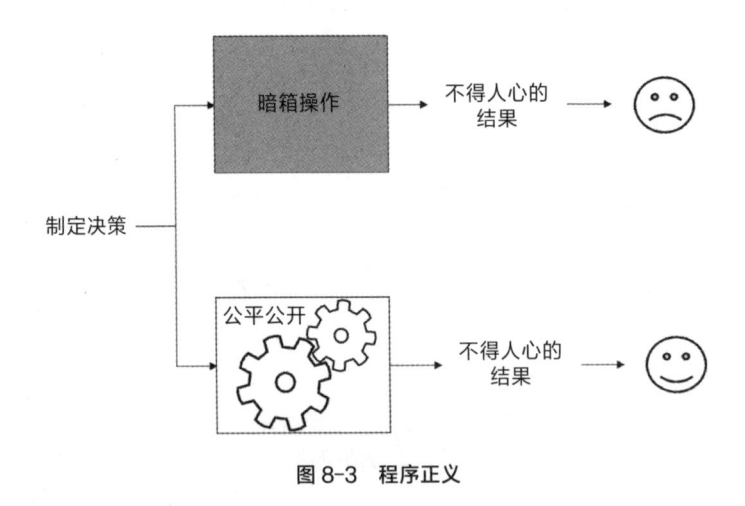

图 8-3　程序正义

　　程序正义在现实中是如何发挥作用的？如果你能和团队成员分享薪酬决策的过程，那么他们会更容易对结果持支持态度。很多中小企业并没有薪酬委员会来专门根据财务数据变动精准调整薪酬，这就导致中小企业的员工很容易认为公司的薪酬体系都是"拍脑袋"定的。我已经听到过无数职场人的抱怨，他们觉得自己公司的薪酬标准几乎被首席执行官玩弄于股掌之间，只要谁能获得他的偏爱，谁就能升职加薪。这会让团队成员抓狂，因为他们无法相信自己拿到的薪酬是公平的。

　　请公开你的决策过程，即使展示数据的透明度有限，也会产生巨大作用。比如，你可以分享自己如何利用 Glassdoor①之类的平台来查询行业的薪酬标

---

① Glassdoor 是一家美国的招聘网站，它不仅可以像其他招聘网站一样发布职位信息，还可以让某公司的前员工与现员工匿名点评自己所在公司的工作环境、公司老板和薪酬等信息。这类似中国的"企查查"。——译者注

准,以确保同级别或同职能员工的薪资是公平的。你也可以分享自己收集的一系列主观及客观的衡量标准,告诉大家这些会如何影响他们的年终奖金额。

现在你已经明白了在什么情况下薪酬会降低员工的积极性,以及该如何避免这些陷阱。接下来可以多了解一些决窍和技巧,来帮助管理者明白该如何利用薪酬来提升员工的积极性。

向员工明确薪酬体系的 4 个决窍

将自己的薪酬理念传达给员工

管理者需要建立一套自己的薪酬理念并向团队成员传达。这套理念不必包含太多细节,只应当指明衡量薪酬的大原则,以及这些原则是如何与企业文化相一致的。比如,你可以考虑以下问题:

- 我们为员工支付的报酬是略高于还是略低于市场平均水平?为什么?我们是否要与竞争对手保持一致?
- 我们是否会向员工发放年终奖?这些年终奖的意义是什么?奖金的金额是可以变动的吗?我们是否打算以"递延报酬"[①]的形式发放给员工?
- 多久为员工调整一次薪酬?通常,我会在这里加入一个"不允许谈判"条例(即员工不能在规定流程之外的时间里不断为自己争取涨薪)。
- 我们如何看待作为薪酬体系中包含的非工资性质的报酬,原因是什

---

① 递延报酬(Deferred Compensation)指企业承诺在未来员工的某段年龄或某日期支付给员工的报酬,目的是使员工退休时可领取退休金,或使员工发生意外时受益人可领取死亡抚恤金。

么？通常，管理层对非工资性质的报酬（如股权或 401K 计划[①]）的重视程度比基层员工要高得多。所以当团队成员对这些额外福利不感兴趣时，管理层会感到困惑。

其实通常情况下，管理者知道以上所有问题的答案，只是从来没向员工说明而已。

确保团队成员清楚薪酬决策过程

管理者要向团队成员清楚地说明晋升或涨薪的决策依据是什么。我经常听到有员工抱怨，他们的企业因透明度高而自豪，但在薪酬问题上往往做不到公开透明。当然，这也可能是因为员工将决策过程的透明度（如程序正义）与信息的透明度（公开企业中每个人的收入或绩效排名）混为一谈了。管理者要明确两者的区别，然后明确薪酬决策过程。管理者可以跟团队成员分享的信息可能包括：哪些数据可以用于薪酬评估，什么时候主观评估或管理直觉在发挥作用，以及谁可以参与薪酬决策。

谨慎对待奖金

如果你提前告诉员工年底时他们可以拿到多少年终奖，你最好要么备好足够的钱用于支付年终奖，要么提前把控奖金减少可能会造成的影响。如果你的公司或团队存在经济来源不稳定的情况，那么请明确告知团队成员你无法保证年终奖照常发放。如果经济形势发生变化或者爆发疫情，公司可能会削减年终奖的金额，以确保公司得以在危机中生存，员工的饭碗也可以暂时保住，一定要让员工提前知道这一切。

---

① 401K 计划于 20 世纪 80 年代在美国诞生，是一种由雇员、雇主共同缴费建立起来的完全基金式的养老保险制度。

记住，只要员工觉得本该属于自己的钱被公司扣掉，即使金额没有多少，也会打击员工的积极性（原因请回顾损失厌恶心理）。你可能觉得减少员工5%的年终奖可以刺激他们来年继续努力，但一定别忘了，人们对"本该属于自己的东西被拿走"这件事的反应通常是非理性的。受了刺激的员工会认为自己的价值被现在的公司严重低估，很快会选择离职。

同样，如果你打算给某员工多发点奖金，也千万别指望他们会因此"感恩戴德"。当然，没有人不喜欢多拿钱，但他们也可能会产生这样的念头："我累得要死要活，就是为了多发5%的年终奖吗？"

探寻员工的内在动机

不要用金钱扼杀员工的内在动机。对于员工本身乐于参加的活动，最好不要再给予物质奖励，因为参与这些活动本身能带来的挑战与乐趣就已经足够激励员工了。比如，如果某位团队成员喜欢组织团建活动，或者某位团队成员喜欢帮助人事一起招聘新成员，给予奖金激励反而会打击他们的积极性。

最好的例子是内推奖金机制。通常我们会以奖金形式鼓励团队成员，让他们将自己的朋友或前同事介绍给公司的招聘部门。这可以使公司一直处于吸纳新人才的状态，并在行业内保有"最佳雇主"的美名。但这件事一旦和金钱挂钩，它就不再是公司全体员工的责任，也不再是企业文化的一部分。员工会因为自己的推荐达不到某个等级的奖金而吹毛求疵，公司也会为内推的新入职员工工作不稳定而心生怨恨，毕竟公司为此支付过内推奖金。

在所有与激励机制相关的问题里，薪酬问题只是一部分，但也是管理者犯错最多的一部分。我经常听到企业高管们疑惑地说："为什么员工在这里干得不开心呢？他们的工资明明已经很高了呀！"这是非常令人震惊的，即使经验丰富的高管和首席执行官也会认为，金钱上的激励足以让团队完成所有重大工作。但事实上，金钱奖励可能会产生意想不到的反作用。因此，想要成为一名优秀的管理者，就要了解团队成员如何看待薪酬，以及薪酬如何影响他们的行为（不管是理性的还是非理性的），这些都非常重要。

BRINGING UP THE BOSS
新任管理者快速成长清单

1. 薪酬奖励是激励团队的重要方式之一，但有时给予更多的金钱反而会降低他们的积极性。

2. 作为管理者，你必须知道什么时候钱是管用的，更需要知道什么时候有钱也不管用。

3. 要想让薪酬奖励起作用，就要避免让团队成员产生损失厌恶心理、觉得奖励不公平，还要向他们公开薪酬决策过程，确保他们清楚并接受该过程。

4. 构建明确的薪酬理念，并使之与企业文化保持一致。

BRINGING UP THE BOSS
Practical Lessons For New Managers

09
用好"晋升方程式"

当时的我太激动了,年轻的心脏在不停颤抖。因为在我的办公桌上有一个干净的小盒子,里面装着我人生中的第一套名片。在一张厚厚的奶油色卡片上,公司名称、我的名字和我的办公室电话号码以一个完美的矩形浮雕形式展现出来,字体简洁而优雅。我用食指抚摸那些字,把卡片翻来覆去地看了很多遍。然后我突然注意到,名片上面没有印我的头衔,这说明公司并不看重我扮演的角色。诚然,当时我的确是公司的底层员工。但即使如此,忽略头衔也令人气愤:万一别人认为……我只是个实习生怎么办?

头衔是非常重要的。但在一些公司中,比如我的第一家公司,头衔就被淡化了,因为高管们认为头衔无关紧要。但是,没有人不在意头衔。因为头衔能为我们提供一个人的基本信息（这个人是做什么的）；头衔还能帮助我们归类，并决定我们接下来与这个人互动的形式（此人是否资深？我们该如何和他沟通）；头衔是有分量的，无论是经济地位还是社会地位，头衔都显示了一个人的价值所在。通常，头衔被视作一种激励工具，因为它标志着一个人在组织中的进步，证明他在自己的岗位上获得了成功。

但如果把晋升比喻成一个结构复杂的大蛋糕，那么头衔只是点缀在上面的糖霜而已。和头衔一样，晋升也是一种有效的激励方式，对成就需求和权力需求较强的人来说尤其如此。晋升是个人成长的标志，并且通常与工资上涨、权责扩大挂钩。所以，晋升大多数情况下会让团队成员感到开心。而作为管理者，我们当然希望团队成员在这里工作得开心。但是，提拔团队成员并给予头衔的方式可能会带来意想不到的后果，有时甚至会造成管理者和下属们都不满意的局面。我们通常怀着美好的愿望来给予员工晋升机会和头衔，想以此来表彰工作表现好的员工，但很多管理者事后会感到后悔，如果当初考虑得再仔细一点就好了。这里举一个案例来分析一下原因。

马丁是一家势头强劲的初创公司的第 22 号员工。早年间，他以运营总监的身份进入这家公司，一度成为首席执行官的左膀右臂。他搭建了公司的运营系统，制定了运营规则，使公司一步步发展到今天。首席执行官非常信赖马丁，为了感谢他对公司的忠诚以及他为公司创造的价值，将马丁晋升为运营副总裁。仅仅四个月后，又将马丁升为高级运营副总裁。这家公司还没有其他高级副总裁职位，因此马丁的"高级"头衔显得很有价值，这让马丁对自己的晋升感到非常兴奋。

六个月以后，公司业务扩张迅速，获得了 B 轮融资，并招聘了一批新的人才。很快，让人事部门头疼的事情发生了。首先，新入职的副总裁在经验和能力等方面远超马丁。这些高管在面试时已经有了质疑：为什么马丁是高级副总裁，而他们只能是副总裁？他们认为自己比高级副总裁更有经验，却只得到了较低的头衔（他们的质疑不无道理），这给公司吸纳新的人才造成了阻碍。

同样，公司里的其他总监看到了马丁飞速晋升为高级副总裁的过程，要求自己也得到晋升，理由是他们的职责与马丁相似，却只有总监的头衔。最后，公司的首席执行官意识到，马丁履行的职责以及其能力实际上与其他大企业中同级别的高管并不相称。马丁擅长的是总监级别的工作，并不具备高级副总裁级别的实操能力。其实公司需要一个比马丁更有经验和能力的人，但因为马丁坐在了高级副总裁的位置上，除了首席执行官，没有比这更高的头衔了。这意味着，马丁必须面临一次尴尬的降职，首席执行官才能再聘请一位比马丁职级高的人。仅仅过了六个月，马丁就将失去高级副总裁的头衔。

经过多次艰辛的谈话后，首席执行官最终将马丁降级为副总裁。马丁因为觉得在整个团队面前丢人现眼而大受打击。但接下来感到沮丧的是这位首席执行官，因为尽管马丁还拥有副总裁的头衔，但他连这个角色都没有扮演好。

晋升方程式

我们或许都听说过"彼得原理"，即个人因为表现优异而得到晋升，直到最终在组织中上升到一个他们完全不能胜任的职位。这种现象之所以发生，是因为给予某人晋升的理由是错误的。我们提拔某个人是因为不希望他离开组织，我们感激他一直以来的辛勤工作和对组织的忠诚，感谢他在目前岗位上的出色表现。同时，我们也想向其他团队成员展示晋升的可能性。

但正如马丁的案例所展示的那样，有时晋升会带来一系列混乱。在试图通过晋升和改变头衔让某名团队成员感到满意的过程中，我们可能得罪了一整个公司的员工，还接下来招聘新的顶尖人才设置了障碍。最后，我们要花费大量时间和精力与团队成员协商头衔，矫正之前的晋升。如果员工没有按照预期的节奏在组织中获得晋升，他的积极性就会受到严重打击。于是，我们最终贬低了晋升的价值，它不再像原本那样具有激励性，反而成了一种理所当然的、让团队成员麻木的存在。

如何防止混乱的晋升？我向大家推荐一个名叫"晋升方程式"的工具（见图9-1）。我总是喜欢尽早地和团队成员沟通这个方程式，我在给员工晋升机会的时候也是参照该方程式来决策的。

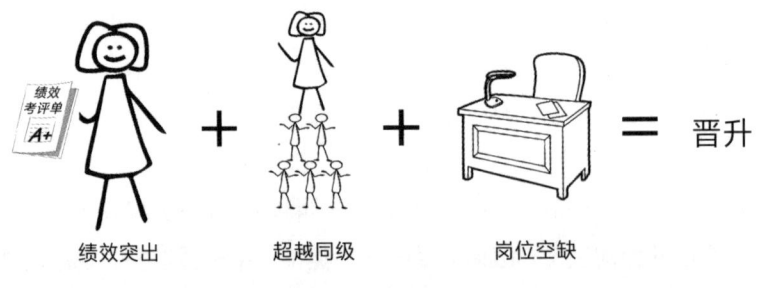

绩效突出 ＋ 超越同级 ＋ 岗位空缺 ＝ 晋升

图 9-1　晋升方程式

绩效突出意味着员工在当前岗位上表现出色。他不仅对当前岗位的工作得心应手，甚至还掌握了更高职级所需要的能力。

超越同级意味着如果有一群人在竞争一个晋升名额，那么其中有一个员工比其他人经验更丰富、能力更全面。当然，对小型企业来说，这部分可能不成立，因为每个团队成员的同级同事很少。

岗位空缺意味着的确有一个新的角色需要有人承担，而且这个角色的存在确实有价值。更准确地说，这个新岗位有新的职责要求，与某个员工当前的职责不同，承担新的角色对他而言意味着晋升。

对多数企业来说，岗位空缺是尤其需要注意的。晋升意味着一个人需要承担更多的责任，能满足企业更高的要求，而不仅仅意味着他能胜任当前岗位的工作。如果一家企业不需要更高级的职位或者业务不再扩张，那么是不会有人晋升。如果给团队成员涨薪或者给予更多奖金，但是该成员却没有因此承担更多的责任，就不能算是晋升。**如果一名员工不能承担更多责任，那么不要让他晋升。**

作为一名优秀的管理者，在员工晋升和获得头衔方面，你还能做些什么？

给予晋升机会的6个要领

坚持使用"晋升方程式"。 首先也是最重要的一点，坚持使用"晋升方程式"，不要违背其中的原则。要给员工介绍这个公式，直到他们都清楚晋升要求为止。

设定晋升周期。 比如每半年或者一年给予员工一次晋升机会，这意味着晋升是有一定周期的。如果你总是临时晋升员工，团队成员会在这一年中想尽办法恳求、询问，甚至用欺骗的形式要求晋升，这些会让你筋疲力尽。在某些特殊情况下（如员工突然离职，你需要提拔某人来填补空缺，或者某个岗位的职责要求发生变化等），晋升情况可能会突然发生。但这应该属于例外，而不是常态，一定要清楚地向团队成员传达这一点。

不要急于晋升员工。 晋升的间隔时间取决于个人能力的提升速度。根据一般经验来看，较长晋升周期的容错率也会更高。职级较低的员工可能会更快地晋升到下一职级，因为他们的工作职责可能会快速增加。而中高层员工可能需要经过3～5年（甚至更长时间）才能迎来下一次晋升。管理者可以尽可能地让晋升周期拉长一些，不要急于晋升员工。例如，可以让一个基层员工等待18～24个月之后才获得一次晋升。一开始你可能会觉得时间很漫长，但一旦组织运转起来，时间会过得很快。

再次强调：要明确岗位期待。 管理者要尽可能地明确自己对提拔某名团队成员升职的要求是什么。要尽早并经常与这名成员沟通，讨论他个人需要具备哪些能力才能晋升，让他心中预期的晋升时间与你的计划保持一致。不要等到开展绩效谈话的时候，你才意识到团队成员一直期待升职，但你却不知该如何安排，这真的非常糟糕。总之，要尽早地与团队成员沟通升职的能力要求，以免在晋升周期中出现意外。

通过"能力矩阵"来引领员工成长，而不是设置条条框框。 提前建立好一份能力矩阵表（详见附录），表中列出各职级的能力要求。它能帮助管理者为团队成员的晋升提供指导，让他们提前做好准备，并对自己未来的发展方向心中有数。但是管理者也要辩证地看待这个矩阵，因为有部分员工会把矩阵理解为一套硬性规定，认为自己只要能在每个能力后面打上"√"，就一定能迎来晋升。当这种情况出现时，请提醒他们把"晋升方程式"的各项要求结合起来。

像迎接千禧年到来那样，庆祝员工晋升。 当员工获得晋升时，管理者要为他热烈庆祝这一时刻。不仅要让这次晋升成为该员工的高光时刻，也要让团队其他成员明白这个人为什么能获得晋升，他做出了哪些成绩。当然，这种庆祝仪式只有在管理者并不经常提拔员工时才会有效。

给予头衔的 4 个要领

是否给予头衔是不能协商的。 在招聘谈判中，不要让头衔成为讨价还价的筹码。当你想招聘一位你真心看好的候选人时，如果他们不能得到更多的薪资，可能会要求一个更高级的头衔。这对你来说或许是毫不费力的举动，毕竟头衔是"免费"的。但千万不要冲动。如果现在较低的头衔与他们的岗位职责是匹配的，薪资也是与这个头衔对应的，那么一切正常。但如果其他条件不变，只有头衔变高了，将来会带来一系列问题，让你的组织陷入混乱，最终导致整个团队养成夸大头衔的风气。有一天你会突然发现，团队里除了你之外基本都是副总裁，没有中层领导和基层员工了。

对高级头衔"吝啬"一些。 同样，在公司成立初期，不要过早地设置高级头衔。当公司规模较小时，"营销主管"之类的头衔足以代表营销业务中职级最高的人。而当公司规模扩大一倍之后，你希望招聘一位营销界的明星，这时可以给出"首席营销官"的头衔。这样你会省掉很多痛心疾首的过程，新的首席营销官的职级自然在原来的营销主管之上，你无须剥夺任何人的头衔。

允许外部和内部头衔存在差异。 团队成员对外展示的头衔和公司内部不一样也没关系。对某些岗位来说（比如销售岗位），外部头衔对开拓市场非常重要，如果没有"区域销售经理"的头衔，那么销售人员连销售领域的大门都进不去。但管理者要清楚员工在公司内部的职级和对应头衔是什么，不要和外部头衔混为一谈。总的来说，你无须在乎团队成员在招聘软件上是如何"吹嘘"自己的（在合理范围内就行），只要他们清楚自己的内部实际职级就可以。

保持同职级的头衔一致。 尽量在公司内部实行统一的头衔命名方案，比如部门负责人称为"总监"，那么同职级的人就都称为总监：运营总监、市场总监……如果称其为"主管"，那么同职级的人就都称为主管：运营主管、市场主管……这种一致性有助于公司发展，尤其有助于规模扩张。

给予晋升和头衔是激励团队的绝佳方法。每个人都希望自己的工作表现得到认可，并希望有一个外在的标识能衡量自己的进步、成长和成功。作为管理者，告知团队成员他们即将获得晋升，这是你工作中最有成就感的事情之一。然而草率的晋升也会给你带来一系列麻烦，甚至让你痛心疾首。或许有一天，你会后悔自己不该过早提拔某人，或者不该太轻易地给出某个头衔。那时也许你会后悔自己没有仔细阅读本章内容。

BRINGING UP THE BOSS
新任管理者快速成长清单

1. 给予晋升和头衔是激励团队的绝佳方式,对权力需求和成就需求较强的成员来说尤其如此。

2. 要尽早地和团队成员沟通晋升方程式,即"绩效突出 + 超越同级 + 岗位空缺 = 晋升",以便让他们清楚晋升机制是什么。

3. 只要善用能力矩阵表,就能让团队成员了解各职级的能力需求。

4. 只有当一名员工表现突出,且组织对他有更高的要求、需要他承担新的角色时,才是他晋升的合适时机。

BRINGING UP THE BOSS
像高效管理者一样思考

如何提升员工的学习动机

首先，恭喜你！现在你已经成为一名能够激励团队成员的专家啦！你已经了解，员工的工作动机可能出自权力需求、成就需求或者社交需求。金钱和其他形式的奖励可能会激励或打击团队的积极性，这取决于它们的使用方式。你已经知道，目标可以带来巨大的激励作用，也可能导致员工做出不当行为。你也已经了解，恰当地给予头衔和晋升，可以帮助团队成员从当前的岗位中脱颖而出，实现个人的成长与职业生涯发展。但聪明的读者或许会注意到，这一章并未探讨个人动机的一个重要组成部分：学习。

学习本身就会给人带来动力，它可以点燃灵感，引领思维。学习可以激发我们主动完成某个目标的欲望[①]。作为一名管理者，如果你能让团队成员不断迎接新的挑战，接触新鲜有趣的创意，那么他们一定会保持不断学习的热忱，

[①] 爱德华·德西（Edward Deci）和理查德·瑞恩（Richard Ryan）是内在动机、自我决定理论和学习机制的奠基人，他们的著作详细阐述了学习是如何驱动内在动机的。

而你将不会再为所谓的"激励机制"发愁。

但是,事情没有这么简单。人类天生就有学习的能力。从婴儿到蹒跚学步,我们一直在寻求新的体验和外界的刺激。正如罗杰斯先生①所说的那样,玩耍是儿童的学习方式,也是理解眼前这个大世界的方式②。在孩提时代,没有人告诉我们应该去学习,是原始本能驱动我们探索新事物。学习的欲望激励着我们每天做出各种行为。

但就像皱纹日渐爬满我们的脸庞,两杯鸡尾酒下肚就会宿醉,晚上 9 点不上床睡觉眼睛就睁不开了一样,年龄的增长也会影响我们学习的内在动力。成年以后,我们不再需要理解一个陌生的世界,对外部环境的熟悉让我们变得自满和懒惰。我们失去了孩子般的好奇心,不愿再去探索和发现。

所以,关于激励机制,我最后想嘱咐的是:伟大的管理者会重新点燃团队成员学习的欲望。

管理者该如何点燃团队成员的学习之火呢?最有效的办法当然是提供具有挑战性的工作机会,以此推动他们学习。但这样的机会在日常工作中并不多见,所以我在这里列出了另外 5 条建议(大致从易到难排列),可以让管理者以学习的形式激励员工不断前进。

第一,将团队词汇表中的"培训"一词替换为"学习"。语言在人们思考问题时发挥着重要的作用。学习是不会受限于时间、空间的,但培训会;学习是可持续的,一个人可以活到老学到老,但培训意味着明确的开始和结束时

---

① 弗雷德·罗杰斯(Fred Rogers),美国著名儿童电视节目《罗杰斯先生的邻居》(*Mr. Rogers' Neighborhood*)的制作人及主持人。——译者注
② 罗杰斯曾这样说道:"人们总是把玩耍当成学习的对立面。但对儿童来说,玩耍是最好的学习方式。"

间；学习需要人们的主观能动性，而培训听起来总是有一些被动；学习是个人的责任，培训是企业的责任……你一定知道我在说什么。

第二，在适当的时候，让团队成员安静地旁听你的工作电话和线上会议。 他们只需要安静地倾听高管们和客户、供应商是怎么沟通的。

第三，在大型会议或大项目结束后一起聊聊"学到了什么"[①]。这与项目复盘时探讨"下次怎样做才能更好"的场景是不一样的。确切地说，纯粹就是让团队成员聊聊他们眼中新鲜有趣的体验。你可以问一些问题来引导大家，比如"你发现了什么令人惊讶的事"或者"有没有遇到什么违反直觉的事"。

第四，教学相长。 当某位团队成员学到了新技能或新知识时，让他给大家上课。

第五，鼓励团队成员"在猴子架上荡秋千"，而不是一直"爬梯子"。 通常我们更专注于工作的垂直变动。在这个过程中，我们就像爬梯子一样，从一个职级晋升至下一个职级。但我们也要允许工作的横向变动：在同一职级里，允许员工承担不同角色的工作，或者转岗去别的部门。公司里应该多一些"猴子架"，少一些"梯子"，因为这些横向变动会带来大量的学习机会。管理者要尽可能地创造这样的环境，促进和鼓励员工的横向调动，让他们不断学习[②]。

总而言之，学习是激励机制中必不可少的一部分。管理者要保护团队成员的好奇心，欢迎他们提问，鼓励他们提出新观点。

[①] 咨询公司奉行"每天一张卡片"的原则，意思是每天结束后，你都可以用一张卡片来总结当天学到的知识和技能。这种方式可以不断累计经验和想法，总有一天会从量变到质变，提升个人能力。
[②] 岗位轮换计划是实现这一目标的有效形式，但成本太过高昂，难以真正实施，对中小型公司而言尤其如此。不过如果公司可以制订一个小型轮岗计划，让团队成员体验不同的角色和不同的职能，那么对他们来说是一个绝佳的学习机会，也会助推他们的成长与发展。

BRINGING UP THE BOSS
Practical Lessons For New Managers

第 3 篇
如何让员工拥有工作的意义感和成就感

**BRINGING
UP
THE
BOSS**

导读

很多年以前,我和当时的男朋友在南非一个偏远的海滩散步。一个女人牵着她的斯塔福梗犬从我们身旁经过。这只狗身上戴着护具,上面拴着一个巨大的轮胎。它使出吃奶的劲儿拖着轮胎缓缓地在沙滩上移动,但看上去十分开心。我们觉得非常疑惑,于是忍不住停下来问那个女人,为什么要这样对待自己的宠物。

她笑了,用浓重的南非口音跟我们分享了下面的故事。两年前,她注意到自己的狗有些不对劲,它不怎么吃东西,整天忧心忡忡地在屋里转来转去。她非常担心,带着狗去看了很多兽医,但大家都没发现什么毛病,它的身体检查不出来什么问题。最后在一位兽医的推荐下,她带着狗去拜访了一位宠物心理医生。刚见面几分钟,医生就诊断出狗得了抑郁症,它时常沮丧是因为觉得自己没有目标。这是一只不再工作的工作犬,现在它失去了每天起床的理由。于是这位宠物心理医生给她支了一招:在狗狗身后栓一只轮胎,让它拖着走,这相当于给了它一个目标。这个办法很简单但是非常成功，每天早上狗狗拖着轮胎走在沙滩上时，别提多高兴了。

其实每个人都需要这只"轮胎"，我们都需要生活的目标和意义。研究显示，与二十多年前相比，今天的人们对工作的满意度有所降低，也更难找到工作的意义。我们努力工作，去实现目标，希望在过程中明白自己是一个什么样的人，将来又会走向哪里，这些都是我们存在于这个世界的意义。在同一个岗位上工作40年的时代已经一去不返，今天我们可以不断尝试新的角色，不断进入新的组织，探索新的领域，找到新的意义。

现在你已经知道如何有效管理团队成员的绩效，如何激励他们发挥最大价值。**在接下来的管理之旅中，我们将探讨如何帮助团队成员找到日常工作或职业生涯的意义。**

在探讨这个问题之前，我想先强调一个重要的区别。我们通常用大写字母"M"来指代意义，它被视作一种长期努力的结果，而这份努力背后是长期的自我反省、职业转换、甚至还有昂贵的医疗费用。意义让人有种二元对立的感觉：要么拥有它，要么就一点都没有。对大多数人来说，现在的工作很难找到意义。我们似乎一直在追寻这个难以捉摸的意义，但它总是走得比我们的理解范围稍快一点。

也有小写字母"m"，其意思是我们从日常生活中获得的满足感、兴奋感和好奇心。比如我们下班走回家时的那种快乐：自己又度过了充实的一天。这可能是因为我们白天成功地解决了一个复杂问题，与同事进行了非常愉快的沟通，或者参与了公司的重点项目，需要为此迎接挑战，等等。我个人认为，只要专注于一个个的"m"，随着时间的推移，你终究会理解"M"的意义。而且，专注于日常工作中可以承受的小事，你就不会那么容易感到焦虑和恐慌。

作为一名管理者，在帮助团队成员找到"M"和"m"这件事上，我们有着得天独厚的优势。接下来的章节会重点探讨这个话题。我们将讨论管理者应当如何设计和分配工作，以最大化地帮助团队成员探寻日常工作的意义；管理者和团队成员沟通的方式将会如何影响团队成员的目标感；事实和情绪会如何影响团队成员的行为；如何用更深层次的问题来激励团队成员探寻更广大的意义。

作为一名管理者，如果你在自己的职业生涯中能够引导一名团队成员找到人生的意义，就已经是非常伟大的成就了。

BRINGING UP
THE BOSS
Practical Lessons For New Managers

10
帮助员工发现工作的意义

假设有这样两名员工：凯莉和凯莎，她们的岗位都是人力资源助理。请仔细阅读，因为在说完她们的故事之后，我会对你进行突击测验。

凯莉的主要工作围绕公司的人力资源展开，她需要帮助业务部门招聘新的人才，管理员工福利，维护员工档案。凯莉每天都在招聘网站上寻找有潜力的人才，如果筛选出某位候选人，她就会立刻将资料送给领导层，等待他们的后续回复，但很多时候都会不了了之。凯莉的直属领导会给她制定一个时间表，上面列着每天下班前她必须完成的工作。如果让凯莉回顾自己的工作，她会觉得每天都是重复的。

凯莎的职责是确保公司的人力资源能够跟得上公司不断扩张的业务需要，帮助公司实现战略目标。为了和公司的发展战略对齐，人事部门必须做到珍惜人才、流程通畅。凯莎必须确保，员工从第一次面试到加入公司，再到离职，整个过程中都能得到人事部门的关心和支持。凯莎还需要与团队领导层密切合作：团队根据凯莎的建议确定战略方向，然后凯莎开展一系列的支持工作。由始至终，凯莎都是有决策权的，比如是否面试或最终雇用某位顶尖人才。

现在问题来了，你认为谁的工作更有意义，凯莉的还是凯莎的？

我想用这个例子说明的是：即使是同样的岗位，承担同样的角色和职责，对于不同员工的意义是大不相同的。尽管她们的岗位是相同的，但凯莎可能会比凯莉获得更多的满足感、目标感和满足感。

本章将继续探讨为什么凯莎的工作看起来比凯莉的更有意义。现在的问题是，你想成为哪一种管理者？是你的团队成员每天都觉得工作毫无意义，只想趁着"摸鱼"时间溜达 15 分钟去买甜甜圈和咖啡解闷，还是你的团队成员每天走进办公室时都活力十足，因为他们对未来感到兴奋和期待，并且能从日常工作中获得满足感？你一定想成为后一种管理者。

如何让团队成员认识到日常工作的意义？这取决于管理者如何为员工安排工作，以及员工会如何定义工作。我们逐一拆解一下。

为员工安排工作的 5 个原则

为员工安排工作的方式可以直接影响其工作的意义。组织心理学家理查德·哈克曼（Richard Hackman）发明了一套由 5 个原则构成的工作设计法。通过这套方法，管理者可以增强员工在工作中的满足感和成就感，激发他们的工作动力，并提升整体的工作满意度。

5个设计原则包括：技能多样性、任务完整性、任务重要性、授权和反馈。下文将分别解释这几个原则，并给出相应的建议，你可以利用这些原则来帮助员工在日常工作中找到更多意义。

技能多样性。给团队成员具有多样性和挑战性的工作，没有人愿意日复一日地重复做同样的事情。在确定某位团队成员的职责范围时，确保他可以开展多样化的工作。你可以这样做：

- 采取岗位轮换机制。让团队成员可以定期轮换至不同岗位，扮演不同的角色（哪怕只是小角色），这样可以让他们不断地学习，应对新的挑战。

任务完整性。让团队成员完成整个任务或目标，而不是只承担任务的一小部分。例如，让一名员工确定好竞品调研范围、开展调研、分析数据、汇报调查结果，这会让工作更有意义。千万不要把这几个任务拆分开：负责数据调查的员工把数据转发给负责分析的员工，负责分析的员工再把分析结果提交给负责汇报结果的员工。你可以这样做：

- 通常团队的分工更专业、更精细（如数据分析师、会议记录员等）会让工作运转更有效率，但同时会对任务完整性原则造成阻碍。你可以尽可能地采取项目负责人制度，而不是让团队成员只负责某个环节的工作。
- 尽可能地给团队成员机会（哪怕是人为的机会），让他们在"价值链模型"①中走得更远。比如，初级分析师可以在公司内部汇报自己的分析结果，即使他并不是最终向客户汇报结果的人，也没关系。

---

① 价值链模型（value chain）是一种商业体系，用来详细描述企业营运或功能行为的顺序。——译者注

任务重要性。做能对他人产生影响的工作。典型的例子是工厂里负责拧螺丝钉的工人，如果他们知道自己拧紧的螺丝是用来固定飞机刹车装置的，直接影响到每年数百万人的生命安全，他们会更加意识到自己工作的重要意义。你可以这样做：

- 让团队成员接触到受他们工作影响的人。比如可以让他们默默地倾听客服与客户之间的沟通，以便更好地了解自己的工作会如何对客户产生影响。
- 时常向团队成员强调某项工作与公司的使命有何关联，并鼓励团队成员探讨自己的工作如何能与公司的使命对齐。
- 尽可能让公司产品或服务的受益人与团队成员接触。比如，如果你的公司致力于为与糖尿病健康管理相关的公司提供产品，那么你可以邀请该公司的一位工作人员来办公室和你的团队成员谈谈，你们公司的产品是如何支持他们日常工作的。组织心理学家亚当·格兰特（Adam Grant）通过研究证实，让员工接触他们工作的受益者，不仅有助于增强员工的使命感和价值感，还可以显著提高他们的工作效率和业绩表现。

授权。要让团队成员在开展工作时有一定的自由度和决策权，这是非常重要的。你可以这样做：

- 清楚地告诉团队成员需要达成的目标是什么，但是让他们自己决定达成目标的方法。要求团队成员尽早展开工作并且定期向你汇报进展，但要鼓励他们自己想办法解决问题。
- 尽可能地允许员工在截止日期前自由安排工作。你只需关心结果，而不是盯紧过程。如果某位员工希望中午去跑步，然后熬夜完成工作，请给予他自由安排工作的权力。

反馈。要理解团队成员为成果付出的努力并给出反馈。假如你呕心沥血的工作取得了阶段性成果，当你整理好邮件向领导汇报时，他们毫无反应，甚至连一条"收到"的消息都不回，你会是什么感觉？不要让你的团队成员经历这些。你可以这样做：

- 首先，当团队成员向你汇报工作时，任何情况下都要确认消息。其次，回复消息时详细说明团队成员所做工作的亮点或贡献。你甚至可以留一张小纸条，上面写着："在昨天的会议上，你的分析结果让客户改变了原有的想法，推进了我们接下来的沟通……"这样的小纸条真的有奇效。
- 清楚地向团队成员展示，他们的日常工作会如何帮助公司实现宏伟蓝图，尤其指出他们能为公司的整体战略发展带来哪些贡献。如果有机会，告诉团队成员他们的项目成果会如何为公司其他项目或者整体战略目标赋能。

这5个原则看起来似乎简单明了，但大多数管理者并没有将它们应用于员工日常工作的安排中。在了解设计和安排工作的方法之后，我们继续探讨让员工如何看待工作的问题，这是帮助员工找到意义的第二大方法。

重新定义员工工作

在本章开头的例子中，凯莎和凯莉最大的差别在于，她们在如何定义自己的工作上有所不同。凯莎的工作描述了她在确保公司业务的正常运行方面发挥的关键作用，以及她工作将会带来哪些深远影响，比如，她在公司任职期间可以给其他员工带来哪些帮助。而凯莉的工作只描述了她负责的那些零零散散的任务。有人可能会质疑：既然这两个人的工作性质差不多，为什么一定要提那些所谓的"关键作用"和"深远影响"呢？

人类的头脑是很强大的。通过某种方式定义和感知工作，会让工作给我们带来更大的满足感。我们可以突破个人职业发展的桎梏，将自己付出的努力与更远大的目标结合起来，把个人的贡献与组织长期发展的使命和愿景结合起来。这种重新定义工作的行为就叫作"工作重塑"，最早由组织心理学家埃米·瑞斯尼斯基（Amy Wrzesniewski）、贾斯廷·伯格（Justin Berg）和简·达顿（Jane Dutton）提出。通过精心的工作重塑之后，团队成员会对现在的工作更加满意，也能在日常工作中找到更多的意义。更重要的是，他们会有更强的主人翁意识，自觉地驱动自己不断学习和进步。

那么，如何进行工作重塑呢？首先，让团队成员创建一个"之前"表格，在其中列出当前的工作任务，并按照花费时间的多少依次排列任务。其次，让团队成员建立一个"之后"表格，列出自己更愿意在哪些工作中投入时间和精力，并将这项工作与自己的动机、优势，以及希望达成的目标相结合。最后，为团队成员提供支持，让他们找到逐渐从"之前"过渡到"之后"的方法。改变过程需要时间，但团队成员可以立刻从小事着手，逐步走向正轨。

举个例子说明一下。我曾经认识一位名叫亚历克斯的行政助理，在一家初创公司任职，他的工作体验可以用"苦苦挣扎"来形容。一开始，他觉得这家公司的工作节奏很快，也很有趣。但一段时间过后，亚历克斯开始觉得自己的工作毫无意义，几乎没有发展空间。而且，这是一家充满未知数的初创公司，亚历克斯不知道自己是否有立即晋升的机会。至于自己在接下来的一年中该扮演怎样的角色，他感到非常困惑。随后，亚历克斯接受了工作重塑，他的"之前"和"之后"见图 10-1。

我很喜欢和团队成员一起做工作重塑的练习。我会让他们先阅读一些相关文章，打下基础，然后尝试整理自己的"之前"和"之后"。分享自己更愿意在哪些工作中投入时间对团队成员而言是很有帮助的。我会从自己的角度出发给出见解，看看他们热爱的工作背后可能与怎样的动机或长远目标有关，而这些他们自己可能并没意识到。

重塑之前

会议安排/日程管理	为会议/电话做好记录和备忘录	差旅事宜/收发快递
对演讲或其他事情的回应	接待来宾	做好行业调研和竞品分析,为会议做准备
费用相关	代表首席执行官做员工满意度调查	建立和管理利益相关者数据库

↑ 花费时间多
↓ 花费时间少

重塑之后

责任:让首席执行官更高效、更省心

- 优化会议和日程安排
- 费用相关(制定预算、进行适当的财务分析)
- 差旅事宜/收发快递(让差旅安排更具"战略性")

动机:提高效率 | 优势:注重细节 | 热情:乐于帮助他人

责任:做内外沟通的桥梁

- 统筹和跟进会议需求(在时间安排等方面给出自己的建议)
- 做好行业调研和竞品分析,为会议做准备(为首席执行官提供更多见解)
- 对业务请求做出回应(发挥主观能动性)
- 为首席执行官管理社交媒体,树立其良好形象

动机:建立良性互动 | 优势:共情能力 | 热情:做一个"连接者"

- 接待来宾
- 代表首席执行官做员工满意度调查
- 建立和管理利益相关者数据库(在其中发现更多关联,提供更多想法)

图 10-1 亚历克斯重塑工作前后的对比

我经常会邀请团队成员一起做工作重塑的小组练习，每个成员都要展示自己的"之前"和"之后"。小组练习有两个好处，一是可以让其他团队成员帮助进行工作重塑的成员一起过渡到这名成员设想的"之后"；二是让团队成员对彼此的责任和角色有更深入的了解。我经常听到人们抱怨，不知道自己的同事每天在干什么。比如，营销助理究竟是做什么的？一个合格的管理者每天都该做些什么？也许一次工作重塑的小组练习就会让这些问题烟消云散。

想知道这些"之前"和"之后"的表格还可以怎么用吗？在职场之外，它甚至可以帮助你重塑人际关系。我的很多朋友把工作重塑的方法运用到改善自己亲密关系的实践中，也获得了巨大的成功。当然，为了不偏离本书的主题，我就不在这里过多讨论这些细节了。

这一章最重要的，就是希望你能记住，很多小事会帮助团队成员找到工作的意义，给他们带来深远的影响。可能是管理者愿意多花 5 分钟为他们解释上次董事会的重点议程；可能是管理者回复邮件时肯定了他们的工作表现；可能是管理者总会给员工提供新鲜有趣的挑战，让他们的工作保持多样性。这些小事都有助于员工发现日常工作的意义。请享受这个过程吧！

BRINGING UP THE BOSS
新任管理者快速成长清单

1. 员工能不能发现工作的意义，取决于你如何为他们安排工作，以及他们如何定义自己的工作。

2. 为团队成员安排工作时要参考5个原则：技能多样性、任务完整性、任务重要性、授权和反馈。

3. 只要使用"工作重塑"这个工具，就能帮助团队成员重新思考和定义工作。

BRINGING UP THE BOSS
Practical Lessons For New Managers

11
提供表达情绪的安全空间

几年前，我开始了一份新工作。在上班的第一天，公司的首席执行官特雷弗请我出去喝咖啡，聊一聊我的角色、他对我的期待以及公司的发展战略。在我们各自喝下半杯咖啡之后，我向特雷弗分享了我对这份新工作的看法：能为一家如此年轻而有潜力的初创公司工作，我非常激动，而且公司从事的业务也是我非常想学习的领域。

我还分享了一段个人经历，这段经历让我选择从事现在的工作，但它不会出现在简历上。两年前，我弟弟意外去世，他的死亡以难以言喻的形式扭转了我的人生，改变了我原来的很多看法。因此，我决定转行，让工作更符合自己的个人价值观。我告诉特雷弗，现在的我已经准备好了，能够承担公司给我的艰巨任务，但我并没有真正从弟弟的死亡中走出来，情绪的浪潮有时还是会冲击我。我之所以对特雷弗说这些，是因为考虑到接下来的密切合作关系。我想让他知道，有时某些情绪就是会涌现出来。上一份工作的经验告诉我，刻意隐藏这些情绪的做法是弊大于利的。我想把真实、完整的自我带到新公司去，而这个自我是有情绪的。

我的故事让特雷弗热泪盈眶，每个同事经过我们身边时的惊讶表情又让我们忍俊不禁。这就是我上班的第一天。总体而言，我对这次谈话非常满意。因为我坦诚地表达了自己的观点：情绪是我们的一部分，无论喜欢与否，情绪都会在职场中发挥作用。

其实回过头来想想，我很佩服自己当时的勇气。从第一天进入职场开始，我就被反复教育，不要带着任何情绪上班，要始终挂着一张"扑克脸"。如果你觉得自己忍不住快要哭泣，就赶紧躲起来，比如跑到卫生间去偷偷哭，然后让自己重新振作起来。随着职级越来越高，事情反而简单了一些：我可以关上办公室的门，在笔记本电脑后面默默流泪。但我越来越意识到，刻意憋住情绪只会让事情变得更糟。对管理者的小小不满会逐渐演变成"深仇大恨"；隐忍地离场会给在座的其他人留下负面印象。当我成为管理者后，开始注意到我的员工正在经历同样的事情：他们刻意控制自己的身体，不想表现出愤怒、沮丧甚至是高兴的情绪，但他们整个人是矛盾的，看起来非常不舒服。

很多人已经习惯了在职场中"去情绪化"，习惯在领导和同事面前隐藏真实的自我。这个问题可能在某些群体中更为突出，并不是所有人都有公平的机会表达自我，在职场中尤其如此。比如，黑人男性可能会感到更大的压力和耻辱，因为社会给予了他们很多与期望不一致的东西；很多女性会极力避免与同事分享自己的情绪，以免被贴上"矫揉造作""过度情绪化"等负面标签。表达自己的真实情绪会让我们觉得不安，可我们越是花费时间、精力来隐藏自己的情绪，就越会看到工作的虚无和绝望，直到我们筋疲力尽。

想要解决这些问题，作为管理者，必须为员工提供安全而舒适的表达情绪的空间。但情绪一直是职场中的难题。想要成为一名优秀的管理者，首先要理解职场中的"情绪悖论"，即：让团队成员真实表达情绪非常重要，但情绪是非常有感染力的（可能积极，也可能是消极的），一名员工的情绪会对其他团队成员产生难以预估的影响。在讨论如何管理情绪之前，我们先来谈谈情绪悖论背后的原因。为什么职场是一个绕不开情绪的地方？

情绪是如何影响工作的

情绪劳动

"情绪劳动"一词最早由社会学家阿莉·霍赫希尔德（Arlie Hochschild）提出，指的是人们为了调节情绪而付出的思想和心理上的劳动。[1] 每当我们努力装出一副什么事都没发生的样子时，内在情绪和外在情绪是失衡的，这会消耗很大精力。例如，今天早上我明明过得很糟糕，心里非常生气，但今天是工作日，在面对客户时，我必须展示出最灿烂的笑容，这时我的大脑和身体都在做情绪劳动。

管理者必须了解情绪劳动这一概念，因为它直接影响团队成员的日常工作。那些需要付出大量情绪劳动的员工（如客服、客户经理等），通常会更容易觉得身心俱疲。因此，当你意识到团队成员每天都在压抑自己的真实情绪，总是需要对外装出另一副面孔，你就需要给他们提供表达情绪的空间。如果你曾经在老板面前忍不住哭过，你一定会知道这样做自己会觉得轻松了不少（只不过这件事可能有点尴尬）。你只有释放了情绪，卸下沉重的包袱，才能轻装

---

[1] "情绪劳动"可以指代不同群体（通常是女性）不得不做的任何类型的无薪酬工作，例如组织办公室活动、陪伴分手的好友度过伤心时期、为满足另一半的情绪需求提供支持等。但是，本章中的情绪劳动指其最原始的定义。

上阵，更专注于手头的工作。

在新冠肺炎疫情期间，一位名叫卡拉的管理者，带领着自己的医护协调团队每天都在超负荷地完成工作。这些协调员的主要任务是通过电话联系那些有老人、慢性病患者和易受病毒威胁的成员的家庭，为他们协调医疗支持。在每次通话中，团队成员都冷静、积极地为上述家庭提供医疗支持。但卡拉逐渐意识到，团队成员比预测时间更早地表现出疲惫状态。事实上，卡拉的团队成员每天都付出了大量的情绪劳动。尽管表面看起来，他们一整天都能保持冷静工作的状态，但在内心深处，每个人都经受着难以估量的压力和焦虑。新冠肺炎病毒给个人生命安全与经济发展带来的不确定性足以让所有人恐慌，他们自己的家庭成员也受到了影响，但每天都有一个接一个的电话等着他们，这让他们不得不压抑住自己的焦虑来完成工作。卡拉意识到这一点之后，就在每天工作开始前和结束后为团队成员创造一个空间，让他们自由表达自己的感受。这给她的团队带来了巨大的帮助，他们不用再每天压抑自己的情绪，这样可以节省大量的情绪劳动。①

应对情绪劳动最简单的方法就是让团队成员可以随时随地表达自己的情绪，并为他们营造这样的氛围。但在彻底颠覆企业文化，不断鼓励大家无拘无束地表达轻蔑、恐慌、焦虑或其他情绪之前，我们先调转方向，谈谈另一个问题。

情绪传染

情绪传染指的是情绪在人们的潜意识中直接传播的现象。你可以联想一下

---

① 有趣的是，心理学家和社会学家讨论了人们如何通过"表面扮演"和"深层扮演"来实现情绪劳动。当员工表现出不符合自己内心真实感受的情绪时，就会出现表面扮演；而当员工想要遵守工作或组织要求的期望和规范，真正努力改变自己的情绪状态时，就会出现深层扮演。

病毒传播，而情绪传染的"病原体"是快乐、烦恼、恐惧等情绪。例如，蕾妮养的猫丢了，她带着情绪过来开会，看上去非常沮丧，走路时肩膀耷拉着，和他人几乎没有眼神交流，说话的声音低沉而缓慢。注意，其他团队成员会立即下意识地"捕捉"蕾妮的这些情绪，并开始模仿她的行为，原本乐观积极的周例会变成了一种负担，会议结束后，参会的团队成员带着沮丧的心情走出会议室，开始把这种情绪传播给他们当天接触的其他人。而蕾妮完全没有意识到自己是"零号病患"，她对自己在公司中传播的沮丧情绪一无所知。

理解情绪传染的概念是非常重要的，不然就无法理解为什么有时团队会议或者紧密合作的工作小组会让人觉得窒息。如果不知道情绪传染的存在，你有可能会觉得是不是自己做错了什么，是不是自己的某个想法有问题，是不是面试的候选人不合格……但其实，一切只是因为我们的团队正陷入消极情绪中。

如果你是团队负责人，传播情绪会变得更加容易。举个例子，当你面带微笑地走进办公室，你的团队成员也会对你报以微笑；如果你公开表达对公司未来发展的担忧，毫无疑问，你的团队成员也会跟着你的想法走，很快陷入焦虑情绪中。所以作为管理者，你有责任阻止或鼓励某些情绪的传播。

有趣的是，不同的情绪可以在职场中发挥不同的作用。相比沉稳冷静的团队，一个快乐的团队会更擅长创造性的头脑风暴任务；一个稍显情绪低沉的团队可能更擅长做好财务预算或者编辑工作报告[①]；当团队成员遭受挫败和损失时，应该允许悲伤的情绪蔓延开来；而愤怒的情绪对推进工作没有任何帮助，要及时阻止它的传播。

所以，鼓励团队成员表达情绪会带来的问题是其他成员可能也会在潜意识

---

① 过去的研究表明，不同的情绪会带来不同的影响，如影响判断和决策、创造力、亲社会行为（如帮助他人的行为）和冒险行为。

中受到影响。这种影响可能会带来帮助，也可能会带来负面结果，这就是所谓的"情绪悖论"。接下来我会提供一些方法，它们既可以鼓励团队成员在职场中做真实的自己，表达情绪，也可以顾及由此带来的风险。

管理员工情绪的5种方法

试着问一句：怎么了？发生什么事了？ 在你日常管理团队的实践中（比如一对一谈话等场合），试着提出一些问题来了解团队成员的真实感受。不要觉得团队成员回答一句"好的"，就意味着无事发生。医学博士马克·海曼（Mark Hyman）将这类问题称为"怎么了"问题，可以帮助我们深入了解别人的感受。你可以经常问这些问题，而不是非要遇到不对劲的情况时才问。这些问题会让团队成员逐渐放松，愿意分享自己的真实感受。当然，你会发现总有一些人是永远不会对你说出真心话的，这也没关系。

管理者先带个头。 面对团队成员时，管理者要先打开自己的心扉，用真诚引导大家。比如，我曾经在给一个研究生班上课时，自己忍不住先哭了起来。当时我们正在进行一场激烈的小组讨论，内容勾起了我的伤心回忆。这种不加掩饰的情感很快感染了我的学生们，接下来发生的一切令人惊讶：他们似乎获得了某种"许可"，开始分享自己的故事。可见人们在一个允许分享情绪的集体中会觉得更加自在。

让你的团队成员了解一些"专业术语"。 与团队成员分享"情绪传染"的概念。如果你发现有情绪不太对的团队成员来开会，那么请鼓励他在会议上说出自己的问题，并且你要帮助团队成员意识到这是与会议内容无关的个人情绪，以阻止负面情绪的传播。最好的做法是，养成习惯，在每次开会前检查一下每个团队成员的状态。

拥抱情绪：不管它是积极的、负面的还是恶心的。 当团队成员取得成就，尤其是里程碑式的成就时，一定要公开庆祝这件会给大家带来积极情绪的事；当团队中出现负面情绪时，也要勇敢地迎接和处理这些情况。不管是积极情绪还是负面情绪，我们都要学会拥抱它。通常，人们很担心在职场中惹怒某人，在该对别人道歉的时候也会极力躲开。但是，比起触发负面情绪，更糟糕的是回避负面情绪。

揭露问题根源。在适当的情况下，帮助团队成员一起找出问题的根源：为什么当下的工作会给他们带来情绪？例如，当团队成员表示自己对即将到来的公司合并感到不安时，你要询问背后的原因。他们可能会对即将面对的新工作感到紧张，也可能会担心新的领导和自己不是一路人。愤怒实际上可能意味着失落或者恐惧，而不确定感实际上可能意味着一种兴奋感。总之，找到情绪的根源，你才能更好地与团队成员一起应对情绪。

最后，还要注意一种特殊情况：团队成员可能会对同一种情况产生不同的情绪反应。但职场也是一个小社会，为了保住我们的位置，为了不遭到排挤，我们有可能屈从于某种压力，以某种方式与团队其他成员保持一致。这一点和我们的学生时代没什么区别。①

举个例子，我曾经任职的一家公司被一家更大的企业收购了。有一些团队成员对此感到非常兴奋，因为他们即将获得新的资源和工作机会；而其他团队成员为此感到焦虑，担心自己会失去现在的工作。但所有团队成员都意识到自己必须顺应其他人的情绪，隐藏真实的自我。焦虑的团队成员希望自己看起来和其他同事一样，是勇于迎接挑战的，而不会轻易陷入恐慌状态，反之亦然。我的一位同事看起来活力满满，他和我分享了他对这次收购的期待：虽然会带来一些问题，但自己已经做好了迎接挑战的准备。但是，当他发现同事们都是

---

① 职场是一个社会系统，这一概念最初是在霍桑研究中形成的。此外，霍桑效应（Hawthorne Effect）反映出，那些意识到自己正在被别人观察的个人具有改变自己行为的倾向。

忧心忡忡的样子时，会觉得自己的兴奋有点"可耻"。所以他不敢表现出自己的真实感受，而是和其他团队成员一样，显得有点消极。

对所有管理者来说，管理情绪绝对是一道难关。情绪是复杂的，人也是复杂的。我想起儿时生活的那条街道，街道的尽头有一座教堂。每周，教堂前草坪上的一块小黑板上都会更新一条格言。我最喜欢的一句是："情绪无处不在，请善待它。"

BRINGING UP THE BOSS
新任管理者快速成长清单

1. 不要让团队成员总是隐藏自己的情绪和真实的自我，这对工作是不利的。

2. 只有给团队成员提供安全空间，才能让他们恰当、真实地表达情绪。

3. 管理团队成员情绪，要掌握5种方法：
    - 试着问一句"怎么了？发生什么事了"；
    - 你先打开心扉，用真诚引导团队成员；
    - 让团队成员了解一些"专业术语"；
    - 拥抱情绪，不管它是积极的、负面的还是恶心的；
    - 帮助团队成员揭露为什么当下的工作会给他们带来情绪。

BRINGING UP
THE BOSS
Practical Lessons For New Managers

12
学会沟通，持续沟通

几年前，我加入了一家从事大数据业务的初创公司。当时公司只有5名员工，包括一名初级研究员埃丽卡。在创业初期，我们5个人（包括首席执行官）总是一起坐在临时会议室里制订公司的计划和战略，然后一步步实施。作为一个小团队，我们一起讨论了很多重大决策（比如我们将在组织中扮演怎样的角色），还有一些小决策（比如发布会邀请函的配色方案）。尽管埃丽卡的职位没有那么高，但在这些决策中她都有发言权。首席执行官得知任何重要信息后都会立即传达给团队成员，保证信息的透明和通畅。这份工作对我们来说很有意义。

六个月后，我们雇用了更多员工，其中有些人比埃丽卡更资深。我们也组建了正式的管理团队，讨论重大决策的会议不需要其他员工参与。分工变得越来越专业后，埃丽卡只需专注于自己手头上的任务即可，她不再需要参与那些"办公室应当如何设计"或者"公司接下来的战略应当如何制定"之类的会议了。公司的发展逐渐走上正轨，这正是我们期望看到的状况，我们为团队的发展感到自豪。埃丽卡自己也知道，这家公司不可能永远只有5个人，不可能永远挤在那个小小的临时会议室里开会，她对公司这段时间以来的变化抱有积极态度。

但是，埃丽卡仍然有一种巨大的失落感。这并不是因为她的岗位职责变小了，也不是因为她不再有机会参加管理层的会议，而是因为她从此不再有"知情权"了。在这之前，一旦公司有了新的投资人或者关于合作伙伴的重要消息，首席执行官总是会立即分享给包括她在内的所有团队成员。埃丽卡知道公司即将聘用一个什么样的人，甚至知道这个人入职的确切时间，其他外部渠道涌入的信息从来不会让她感到意外。因为她有准确而快速的信息来源，她与高层之间可以说是"无缝沟通"的。现在，信息的来源变得零零散散，很多重要信息要经过至少一周时间才能传递到埃丽卡这里。过去的很多公开信息现在也变成了隐私，这让埃丽卡觉得自己被公司疏远了，也让这份工作显得没那么有意义了。

任何曾经在公司发展初期就加入的员工一定会懂得这种感觉。失去信息知情权是组织发展过程中最让老员工痛苦的一部分，也是他们面临的最大挑战之一。解决这种痛苦问题的方法说来也简单：尽早沟通，经常沟通。然而，处于快节奏环境中的管理者们真的很忙，忙到忘记了与团队成员沟通，或者认为很多信息没有必要分享给大家，或者误以为自己沟通得足够多，分享的信息也足够多。

虽然我不想打击管理者的积极性，但管理者与团队成员之间的沟通可能远远不够。这种缺乏沟通的状态正在伤害你的团队成员，让他们更难在工作中找到意义。要想成为一名优秀的管理者，就必须先学会沟通。

接下来我将与你分享与团队沟通的技巧和心得，这一切可以总结成如下两句话：

沟通中最大的问题是，人们误以为自己已经沟通过了。

——萧伯纳

重复从来不会让祷告失效。

——佚名

因此，保持良性沟通有两个原则：第一原则是，确保你的沟通是有效的。第二原则是，不要怕重复，你需要不断地沟通，对不同的人重复你想表达的观点，然后再重复，不断地重复……

现在让我们先谈谈，为什么对团队成员来说，良性沟通才会让他们觉得自己是受到公司重视的，以及作为管理者该如何与团队成员进行良好沟通。

向员工明确关于沟通的期待

还记得第 1 章的内容吗？作为管理者，明确每名团队成员的岗位期待非常重要。**沟通就是管理者和团队成员一起明确期待的过程。**如果没有提前说好，团队成员会期望并且默认公司中的每件事都是可以沟通的。当现实与期望不符时，他们就会失望。我认为，有关沟通的期待可以分为以下三方面：

- 让团队成员知道，什么内容是你愿意与他们主动沟通的（比如，管理层将会做出何种重大决策，谁接下来将会迎来晋升，等等）。
- 让团队成员知道，什么内容是公司不允许与他们分享的（比如，董事会会议的详细记录，公司正在进行的绩效改革计划，等等）。

- 让团队成员知道，什么信息是你不会主动分享，需要他们询问你才会回答的（比如，你不会主动分享与新客户沟通时的会议纪要，但可以上传至某个共享空间，团队成员如果有兴趣可以自己查看）。

很多初创公司都以信息高度透明而自豪。比如，我认识的一位首席执行官声称，信息透明是企业文化和价值观，公司会向团队成员公开所有信息。很多高管喜欢平等公开的文化理念，在这种环境中，管理层是无须隐藏任何信息的。这听起来很不错，但在现实中，真正实现信息高度透明往往会给公司带来无穷后患，因为很多信息真的不适合公开分享。后来，这家公司的团队成员会抱怨为何有人离职时，他们没有收到任何通知（出于法律原因和道德考虑，有人被公司解雇时，管理层不会通知公司所有员工）；他们也会抱怨，为何公司没有公开每一名员工持有的股票份额。最近的一个例子是，一位首席执行官称，有员工抱怨她为什么不通知大家，公司正计划收购一家小型公司。虽然考虑到信息透明的企业文化，员工们希望了解交易很正常，但这件事的确不适合分享：因为如果上百名员工中任何一人和家人、朋友聊起公司的收购计划，然后传扬出去，这次交易很有可能就会被别有用心的人扼杀在摇篮里。

管理者最好一开始就和团队成员明确期待：并不是所有的信息都可以沟通分享，总有一些事情公司是不会告诉员工的，公司做不到完全的信息透明。①

沟通时，表达方式很重要

你要相信语言的力量。沟通方式很重要：**沟通时表达得当能让团队成员专注于完成企业的使命和愿景，并在日常生活中发现更多意义和目标**。心理学家尼拉·利伯曼（Nira Liberman）和雅科夫·托普（Yaacov Trope）提出了解释

---

① 当然，除非公司的企业文化奉行的是绝对透明。比如总部位于康涅狄格州的桥水基金公司（Bridgewater），就以公司内部绝对透明为骄傲。公司的每一次谈话和会议内容都会被记录下来并与所有员工共享。员工认为这家公司是没有"私事"的。

水平理论，指出我们描述事物的方式会影响听众在情感、心理和社交层面对我们的亲疏程度。越抽象则越疏远，越具体则越亲近。

试想一下，如果你给自己的运营团队介绍技术团队刚刚发布的一款新产品时，使用了具体而生动的语言——"这次的新版本名为"Alpha Pi"，与上一个版本相比，它有3个新功能……"那么你的团队成员听到这些描述后，在情感上会更容易与你产生共鸣。即使这是另一个团队的工作成果，与他们无关，也是如此。但如果你用了笼统又抽象的表达方式，如"这次更新的版本比上一回好很多……"，他们则会觉得疏远，且不在意技术团队的工作能否成功。

同样，你可以通过沟通帮助团队成员明确自己与公司使命之间的联结，并从中发现工作的意义。本书第10章中曾经提到，一定要通过具体的事例来肯定员工工作的贡献和价值。在沟通过程中，你越是分享那些具体故事或者个人事例，团队成员越容易感受到自己与工作紧密相连，也越容易发现使命和价值。

这种对具体案例或个人的关注现象被称为"同情心崩塌"（Compassionate Collapse）。相对而言，我们更难对一大群人的罹难产生共情（比如伤亡惨重的大规模海啸），更容易同情某一位受害者（比如某个叙利亚难民病故的幼儿）。这种同情崩溃的现象在职场中也会存在。

下面是一些促进沟通的方法。请记住，首先最重要的是，管理者要做到这些；其次重要的是，要坚持做下去，不断重复。

确保充分沟通的4个方法

每周向团队成员发送"消息汇总"邮件：养成每周给团队成员发一封邮件的习惯，内容是本周你最想和他们分享的重要信息。这个建议听起来非常简单,甚至有点无聊,但它的力量来自坚持。你可以设置固定的日期和时间,每周都让团队成员收到这封邮件。这个方法适用于企业的任何部门:运营、产品、人事……它还可以确保你不会漏掉想要分享的重要信息。

分享管理层会议的要点:坚持和团队成员分享管理层会议的要点。如果能够打破管理者与基层员工的信息壁垒,团队成员就会更容易对公司产生信任。但在现实中,管理者们还是有点考虑不周,甚至可以说有点懒惰,这导致与团队成员分享的信息太少了。其实你只需简单地向团队成员输出管理层会议的5个要点,就可以让他们心里舒服不少,因为他们会觉得自己的知情权得到了尊重。

创造团队内部的专属沟通途径:为团队成员设置一个更轻松的内部沟通方式。你可以利用不同的途径(比如每周发团队邮件,每周开一次内部会议,或者组建专门的群聊等)来分享不同类型的消息,比如新员工入职、其他部门的职能变动、公司的财务信息等。

反复询问:在和团队成员开会时,你要反复确认他们是否有悬而未决的问题,或者是否有不清楚或尚未沟通的地方。这是一件很简单的事,只是需要你坚持。尤其是在进度汇报等会议上,如果管理者养成了反复询问的习惯,会给接下来的团队工作带来显著的积极影响。

有一次,我和一位名叫莫莉的学员聊天,她谈及了一次失败的沟通经历。莫莉管理着一个有15名员工的团队,她花费了大量时间为团队制定了新的弹性工作制度。她为此请教了外部顾问,也得到了公司领导层的认可。但后来的结果让莫莉对自己的团队成员非常失望。她表示,自己已经向团队成员介绍了即将实行的新制度,以及这个改变会给大家带来什么,但真正开始推行之后,大家还是一副摸不着头脑的样子,仿佛对此毫不知情。实际上,莫莉只是利用一次线上会议的机会通知了一下大家,并且只通知了这一次。或许在那次会议中，有人正在浏览自己的亚马逊购物车，有人正在给客户发送电子邮件，有人正在阅读《美国周刊》(US Weekly)上的一篇精彩文章，还有人可能掉线了……但在莫莉看来，她已经向大家充分传达了这次重要的改革。其实对第一次听到这个消息的其他团队成员来说，一次沟通是远远不够的，他们需要多次不同形式的沟通才会充分理解这次变革的意义。所以，不要吝啬你的沟通！

BRINGING UP THE BOSS
新任管理者快速成长清单

1. 不要让员工失去信息知情权，否则他们会更难在工作中找到意义。

2. 作为一名管理者，你首先要确保自己的沟通是有效的，其次要不怕重复，坚持不断地沟通。

3. 一定要提前明确哪些信息是你愿意和员工交流的，哪些信息是不能分享的。

4. 越具体的描述，越容易让团队成员发现自己的工作与公司使命之间的联结。

5. 确保充分沟通的4个方法：
   - 每周给团队成员发送"消息汇总"邮件；
   - 分享管理层会议的要点；
   - 创造团队内部的专属沟通途径；
   - 反复询问。

BRINGING UP
THE BOSS
Practical Lessons For New Managers

13
尝试提出好问题

几年前,我曾经和好朋友菲奥娜一起晨跑。一天,和平时晨跑一样,我们聊起了工作、感情、人生之类的话题。我滔滔不绝地讲起一大堆待办事项,还有那些"做大做强"的职业发展规划以及自己的焦虑。直到菲奥娜用一个问题打断了我:"如果你今年不做出任何职业规划,会发生什么?"我从来没想过这个问题,就像我从来都认为职业发展是可以被提前规划和决定好的,而不是自由发展、充满不确定性的。当时我被问得哑口无言,在接下来的几周里,这个问题依然困扰着我。虽然我很想找出一个好答案,但就是做不到。

你是否也有过被同事或朋友提出的问题"击中"的时刻呢?你还记得上次是什么时候吗?这个问题让你以不同的视角看待世界,让你开始思考之前从未想过的问题,或者完全改变了你从前看待自己的方式?

哲学家戴维·怀特(David Whyte)将这一类问题称为"好问题"。怀特认为,好问题可以塑造美丽的心灵,"认知塑造往往从提出一个好问题开始,因为你正在尝试解答它。我们既可以向他人提出好问题,也可以向自己提出好问题。正是这些好问题帮助我们找到人生的意义。

作为管理者,我们在团队成员的职业发展和个人成长中发挥着重要的作用。在前几章中,我们讨论了如何帮助团队成员自主把控职业发展方向,随着时间推移而不断成长。我们帮助他们找到想要达到的目标,学会与之相关的技能。我们也谈论了如何培养团队成员的领导力。在这个过程中,我们学会了如何用提问的方式让团队成员自己做出决策,应对艰难挑战。领导力训练让团队成员不断解开思维的桎梏,探索之前自己从未想过的思路,或者诞生新的创意。

那么我们是否也可以尝试向团队成员提出好问题呢?问一些他们当时哑口无言,但过后会逐渐茅塞顿开、另辟蹊径的问题呢?**好问题可以让管理者和团队成员的关系更上一层楼,你们之间的信任会越发深厚。它还会让团队成员感到日常工作更加充实,发现更深刻的人生意义。**

好问题所带来的影响是不可估量的,因为它的"答案"充满无限可能。现在就让我们来聊一聊是什么让好问题如此强大。

为何好问题如此强大

模糊效应

人类讨厌模棱两可的事物,我们追求的是确定性和结构性,而这种渴望就是"模糊效应"。这一概念由经济学家丹尼尔·埃尔斯伯格（Daniel Ellsberg）提出。在模糊效应的影响下，我们总倾向于避开不确定的选项（即使不确定的选项可能比已知的选项结果更好），如图13-1所示。而好问题可以帮助我们克服这种影响，迫使我们做出"我不知道"的回答，然后直面未来的各种不确定性。

我们更倾向于　　　　　　　VS.　　　　　　其实我们应该选择

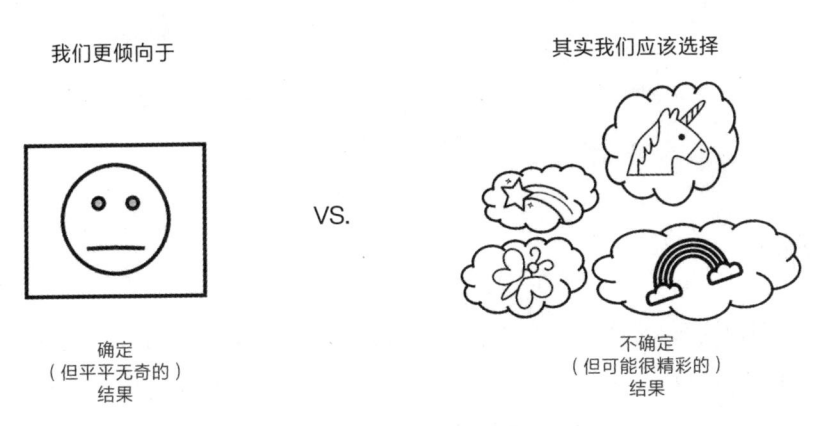

确定
（但平平无奇的）
结果

不确定
（但可能很精彩的）
结果

图13-1　模糊效应

现状偏见

人类总是讨厌改变，即使变化很可能会给我们带来好处，我们也总是排斥变化、避免变化。这是因为在一定程度上，我们都受到了现状偏见的干扰（见图13-2）。无论是在意识层面还是潜意识层面，我们都有一种强烈的偏见：那就是现在的事情应该保持不变。因此，我们很难突破原有的计划或者既定目标。一旦制定好目标或计划，我们就希望自己可以按部就班地推进。但好问题却可以促使我们拥抱变化，探索计划之外的其他可能性——不管这些计划有多么坚不可摧。好问题会让改变发生，让我们产生新的想法：或许一个医学院的学生可以弃医从商；在同一个城市生活了很多年的人也可以换个地方重新开始……

第一部分　管理员工必须做的13件事　　131

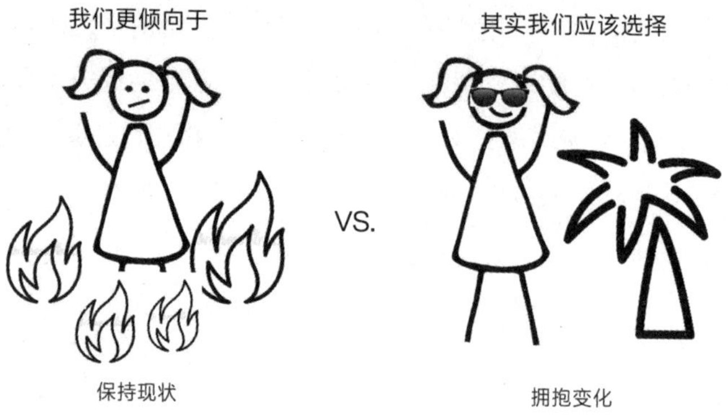

我们更倾向于　　　　　其实我们应该选择

VS.

保持现状　　　　　　　　拥抱变化

图 13-2　现状偏见

接纳弱点

好问题鼓励人们暴露和接纳自己的弱点，变得更开放、更坦诚，哪怕这听起来有一点冒险。信任恰恰是建立在弱点之上的。如果我们在职场中与他人建立信任关系，就会感受到随之而来的一连串好处。当你向团队成员提出一个好问题，并耐心倾听他们的回答时，不仅展示了你对他们的关心，还会让你以一种前所未有的方式深入了解你的团队成员。就好比当我们坠入爱河时，总是喜欢问另一半好问题，原因就是这些问题会更容易暴露弱点，让两人变得更加亲密。

现在好问题可能已经打动了你的心，让你跃跃欲试。但明天上班时，请不要在团队成员毫无心理准备的情况下提出好问题，因为这会让他们觉得你很奇怪。根据我的经验，推荐用以下几种方式提出好问题。

提出好问题的 3 种方式

选择在年初或者某个关键节点（比如在一名团队成员获得晋升时，或者更有效的是在他没有得到晋升时），问问你的团队成员，是否愿意花点时间探讨一些之前从未考虑过的问题。比如,"在接下来的一年里,如果人们会用 3～5 个词来描述你,你希望是哪些词呢";或者,"在过去的一年里,你对自己是否有一些新的了解"。此类问题可以帮助团队成员认真地开启新的一年,构建自己的成长蓝图。肯是我认识的一位非常优秀的管理者,他会选择在一年当中的不同时间节点带领团队成员进行一次"视野训练"。在这个过程中,他会提一些好问题来促使团队成员进行深入的思考。

每次与团队成员进行一对一谈话时都要耐心倾听,这个过程中总会有提出好问题的机会。也许团队成员正在为工作中的决策而挣扎,或者受困于生活中的某个问题。或许团队成员会被问得哑口无言,甚至永远都无法作答。但是没关系,当团队成员绞尽脑汁思考时,一个好问题便完成了自己的使命。

很多了不起的管理者会定期与团队成员探讨好问题,目的是增进团队成员之间的了解,让大家更紧密地联系在一起。"你的人生指导原则是什么",及"是什么促使你做出当下的每一个抉择,又是什么推动着你每天的生活",类似这样的好问题非常有利于促进团队关系建设[①]。

好问题不胜枚举。除了上面的例子,以下是这些年来我最喜欢的几个好问题,它们来自我的朋友、领导力教练、瑜伽老师、学生和同事,还有一些哲学家。

- 什么事情(或者什么人、什么地方、从事何种活动)能让你感到真正的快乐?你不喜欢做什么?或者说,什么事情会让你感到筋疲力

---

① 我有一位名叫扎克的朋友,他的主业是仿生机器人专家,副业是哲学家。他为我提供过的好问题包括:无论是在理论上,还是在具体实践中,你生活中最重要的指导原则是什么?也就是说,每天每时每刻驱动你做出决策和行为的内在需求、欲望和力量是什么?你的理想和现实之间有多大距离?你如何缩小这个距离?

尽？怎样才能让你的生活多一点快乐，少一点痛苦？

- 什么时候你会觉得自己可以充分展示自己的能力？你有哪些大家不知道的隐藏技能？

- 你觉得自己在哪一方面有大多数人没有的天赋？

- 在当下的生活中，你最应该放弃什么？如果放下一件事会让你松一口气，那么这件事是什么？

- 如果早上睁开眼，你发现正困扰自己的某个问题已经解决了，你的生活会发生什么改变？你怎样判断问题是否真的解决了？如果问题确实得到了解决，接下来你会做些什么？

- 你是否愿意相信"未来我会过上自己想要的生活"（不管是有迹可循，还是单纯的美好愿望）？如果你重新评估自己现阶段的状态，你觉得离那个美好的未来还有多远？

- 你愿意保持现在的状态一直生活下去吗？如果不愿意，你觉得现在的生活还缺少什么呢？你需要做些什么？或者说你改变现状的能力是什么？

BRINGING UP THE BOSS
新任管理者快速成长清单

1. 提出一些好问题，不仅可以促进团队成员自主思考、自主决策，还可以改善你们之间的关系。

2. 你可以用以下 3 种方式提出好问题：

- 在关键节点，问问团队成员，是否愿意花时间探讨一些之前从未考虑过的问题；
- 每次与团队成员进行一对一谈话时耐心倾听，这个过程中总会有提出好问题的机会；
- 定期与团队成员探讨好问题。

BRINGING UP THE BOSS
像高效管理者一样思考

如何创造一个
倾听员工想法的空间

前面几章中探讨了很多内容。你可能开始深入思考生活中的一些问题,也认识到作为管理者,自己有责任帮助团队成员找到工作中的意义。或许知道自己可以和团队成员开始做这么多事之后,你会有些不知所措。接下来,关于意义,我还需要补充一点。

当你希望帮助团队成员找到意义时,最有效的做法可能是……闭嘴。作为管理者,你完全可以叫上团队成员出去喝杯咖啡,问问他们最近在干什么,过得怎么样,然后你就闭嘴,听他们说。管理者要真的闭嘴,当一个倾听者,给他们充分的空间来表达自己。

很多时候,我们过于看重管理方法了。我们花费大量时间来设计解决员工的绩效问题的最佳方法;我们使用逻辑树、博弈论等工具来分析团队成员失去活力和干劲的原因;我们设计一整套复杂的方法来探究团队成员为何会有负面情绪。但我们却忘了最根本也最简单的一点：问问他们是不是发生了什么事，然后倾听他们的真实想法，而不是提前做好判断或带着某种期望。

接下来，我将介绍一份在大量研究基础上总结出来的沟通指南。它会告诉你如何在请团队成员喝咖啡时，创造一个能倾听他们想法的空间。

- 第1步：邀请团队成员一起喝咖啡。
- 第2步：问问他们最近发生了什么，现在觉得怎么样。
- 第3步：闭嘴。（你只需要沉默5秒，拥抱当下的沉默，然后倾听，他们会开口说话的。）

有时候，意义是通过一个好问题得来的；有时候，它需要精心的设计，需要人们的主观能动性，需要他人的反馈。意义可以诞生于职场中的真实经历，也可以在频繁而坦诚的沟通中生根发芽。甚至一杯4美元的杏仁奶（这本书出版的时候大概已经涨到5美元了）中都蕴含着美妙的意义。你永远不知道一句简单的"你好吗？"可以打开多少新世界的大门。

BRINGING UP THE BOSS

Practical Lessons For New Managers

第二部分
管理团队必须做的8件事

BRINGING UP THE BOSS

Practical Lessons For New Managers

第 4 篇

如何做好"招聘、面试、入职、离职"管理

BRINGING UP THE BOSS

导读

我有一个名叫"再也不会"的日记本,里面罗列了我认为作为管理者不管遇到什么情况都不应该再做的事情。这本日记不断提醒我过去犯下的错误,以免时光流逝,我忘了曾经的错误带来的伤害,然后再犯一次。

比如:我再也不会在某个员工的能力和心智还没有达标时就将其升职了;我再也不会随意地给出头衔了;我再也不会随意假设一家初创公司可以实现指数型增长(并且根据这个假设做出财政决策)了;我再也不会制定一个含糊不清的假期政策了;我再也不会未经仔细调查就加入一家公司了。

但在这本日记中,最多的还是关于组建团队的内容:我再也不会不好好调查就雇用某人了;我再也不会在明明看到一些不对劲的苗头时还要偏袒某位候选人了;我再也不会被动地等待解雇某个业绩不佳的员工了……

诸如此类的"再也不会"还有很多，因为与组建团队相关的问题真可谓是"阴魂不散"，常年困扰着所有管理者。一次错误的招聘会带来灾难性的后果：它会让你宁可回到童年重新上那些逼疯你的特长班，这样长大之后你或许会成为艺术家，而不是一个管理者；它会让你后悔当年没有参与公司远在西伯利亚的项目，至少在那里你没有下属……

我知道你已经听烦了，但是对管理者来说，招聘和解雇真的太重要了。在接下来的几章中，我将着重探讨如何做好招聘和解雇。你会明白为什么人们在招聘时容易看走眼，为什么每个团队都必须找出一个经过深思熟虑的有条不紊的招聘方式，以及人们更应该以"和平分手"的方式解雇员工，将负面影响降至最低。

BRINGING UP THE BOSS
Practical Lessons For New Managers

14
制定结构化、可持续、无偏见的面试流程

恭喜你！作为一个团队负责人，现在你有权力组建一个自己的团队了。蜘蛛侠说过这样一句话："能力越大，责任越大。"作为一名管理者，招聘新的团队成员是你责任最大、最有影响力的举动之一。招对了人，你的职场生活将会充满阳光；招错了人，你的职场生活将会陷入泥沼。如果你为了快速招到人而在面试时走捷径或者不断降低门槛，那么接下来你会花费更多时间和精力来弥补自己的招聘失误。

招聘不仅会影响到管理者及其团队，还会影响到求职者，以及他们会如何看待面试本身。管理者希望通过面试找到一位优秀的成员，也希望每次面试对所有参与者都是一次受益匪浅、富有同理心、公平的双向选择过程。很多人都

听过这样一句话:"重要的是过程,而非结果。"所以接下来,我们就来谈谈如何进行这场面试之旅!

先从一个小故事开始吧。几年前,我在某公司的最后一轮面试中被淘汰了。非常残忍的是,我等了 5 周才得到这个确定的答复,等待过程中还收到了两封措辞非常谨慎的邮件,询问我是否真的是某某岗位的候选人之一。更残忍的是,最后拒绝我的邮件里有这样一句傲慢的话:"也许两年后,你的经验会更丰富,欢迎再来面试。"这是一份瑜伽老师的工作。确切地说,是一份瑜伽代课老师的工作。更确切地说,是一家攀岩馆(甚至不是真正的瑜伽教室)在招瑜伽代课老师。毫无疑问,得知这个结果的我非常愤怒、非常受挫,甚至觉得心灰意冷。我可是一个有过瑜伽从教经历的人,这些面试官有什么资格说我还需要再去磨练两年才能在他们这个破地方工作?

但是当阴霾逐渐散去以后,我意识到,瑜伽老师最不应该做的事情就是对其他瑜伽老师生气。这次面试给我上了非常重要的一课,我从求职者的角度意识到了面试过程的重要性。不管你已经在职场中磨砺了几年,被拒绝的感觉永远都不舒服。一些小事,比如面试官是否及时回应,直接决定了你对某个公司的印象。我深刻地意识到,如果你是一个面试官,24 小时就是弹指一挥间;而如果你是求职者,24 小时简直是度日如年(见图 14-1)。

想要成为一名优秀的管理者,就必须精心创建并执行一个有效的面试流程,确保面试双方都能获得宝贵的经验和良好的体验。**真正优秀的管理者会以同理心面试每一位候选人,也会使用有效的工具来发掘、筛选和雇用最合适的人才。**为了做到这一点,必须制定一个结构化、可持续、无偏见的面试流程,并在接下来的每一次面试中都执行这个流程。请注意,是在接下来的每次面试中都执行。

接下来,我们讨论一下为什么必须制定这样的面试流程。

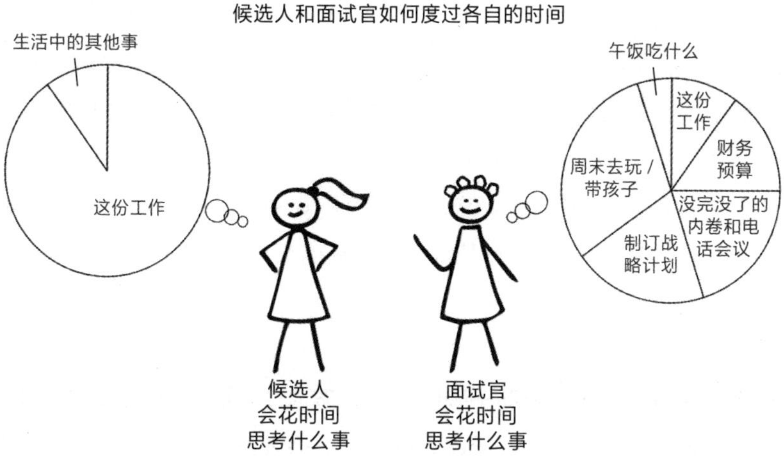

候选人和面试官如何度过各自的时间

生活中的其他事
这份工作

午饭吃什么
这份工作
财务预算
没完没了的内卷和电话会议
制订战略计划
周末去玩/带孩子

候选人会花时间思考什么事

面试官会花时间思考什么事

图 14-1　时间连续性

制定结构化、可持续、无偏见的面试流程有 5 大好处

第一，这种面试流程是科学（应该说是社会科学）的。 研究表明，结构化的面试流程会带来更好的结果。换句话说，通过结构化流程招聘来的员工更有可能在新岗位表现出色。不过，如果你觉得有一个经常搞砸工作的团队也没什么关系，那就继续你之前的"佛系"面试法，听天由命吧。

第二，这种面试流程能帮助你雇用你和公司真正需要的人。 结构化的面试流程会迫使你明确对求职者的要求，也会帮助你判断求职者是否真的具备这些能力。很多时候我们会陷入一个陷阱当中：因为我们喜欢某个求职者，所以岗位要求也会不自觉地为他而改变。我们会试图说服自己，这个人应该加入公司，哪怕他的能力并不匹配。最后的结果很可能是，我们雇用了一个无法胜任工作（或资历远远优于现在岗位）的人，所以我们不得不重启招聘工作。

第三，这种面试流程有助于减少你的隐形偏见。 每个人都有偏见，不管人们能否意识到这一点，都是如此。正如第 15 章中将详细讨论的那样，人类倾向于喜欢和自己相似的人。因此，人们会对那些外表或者行为方式与自己不同的人产生排斥心理，而这些在招聘时会严重影响人们的判断。如果没有结构化的招聘流程，隐形偏见就会占据主导地位，导致公司在不知不觉中滋生压迫或种族主义制度。① 结构化的招聘流程会迫使管理者自我审视：当我们判断某个人"不合适"时，是因为个人喜好，还是因为他的技能和经验不符合岗位要求？

第四，这种面试流程有助于确保求职者无论是否被录用，都能获得良好的**面试体验**。首先，即使你一开始就知道某个求职者是最合适的人选，但请依然让他走完面试流程。这件事的重要性在于，要让求职者感觉自己正在接受一次彻底的审查，需要使出浑身解数展示自己的技能。如果不经历一次挑战重重的面试过程，一位真正优秀的求职者可能会质疑自己未来的同事当年是否经过了充分的筛选和评估（如果是，这位求职者就会努力成为大家的助力）。

其次，当你有一个结构清晰的面试流程，并且按节奏及时跟进时，才不会因为工作中的紧急情况或者忙碌而遗忘或忽视求职者。避免让求职者感觉自己得不到尊重或者被忽视，他被别的公司挖走的概率也会降低，因为不同公司的面试已经填满了他们的时间表。相信每个管理者都不会故意晾着求职者不理，但碰巧遇上突发事件的时候，可能就顾不上太多了。

第五，**从长远来看，这种面试流程会让你的工作轻松不少**。每当有新人加入时，整个团队的工作节奏依然能稳步向前，因为每个团队成员都是因为符合岗位需求才入职的。你看人的眼光也会越来越准，更加清楚如何在面试中筛选自己想要的人才。而且，你不必担心在面试求职者时会遇到阻碍或者有什么不

---

① 玛丽安·伯特兰（Marianne Bertrand）和森迪尔·穆莱纳桑（Sendil Mullainathan）通过大量研究后得出结论，那些名字听起来像非裔美国人的求职者会遭到招聘经理的不公平对待。

懂的地方——所有问题都被列在流程里，只需要按步骤进行。

接下来，我们就来谈谈如何制定面试流程。

制定面试流程的 5 大步骤

第一步，写清楚面试流程中的每一个环节（从如何筛选简历到最终发放录用通知书）。每一个环节都可以参考以下内容：

- 每一个环节由谁负责，团队成员中是否还有其他人参与，他们会以怎样的身份参与？比如，谁负责撰写岗位描述？
- 每个环节之间需要耗费多长时间（答复求职者的时间、约谈面试的时间等）？
- 每个环节需要哪些材料或措施？（是否需要背景调查或先电话约谈？）

第二步，列明每一个空缺岗位所需的必备能力（即求职者完成工作所必需的能力）和最好具备的条件（不是必备能力，但可以作为加分项）。

你一定希望找到一位完全符合标准的求职者，但最终你会妥协于"差不多就行了"的现实。所以你必须非常清楚底线是什么，然后据此设计问题来面试求职者（参考第三步）。

假如你正在为团队招聘财务总监，这个岗位需要一个在财务预算分析（FP&A）和为公司搭建财务预算模型方面具有丰富经验的人。如果这个人有在生物技术领域的公司工作过的经验就更好了，但这不是必要条件，只是加分项。假如有两位求职者，一位是来自科技行业的知名财务预算分析师，另一位有医疗背景但财务预算分析方面能力平平，那当然是选择前者。根据优势招聘，职位的必备能力出色才是优势。

第三步，为每一种类型的面试和岗位制定面试指南。

首先，认真思考可以真正考察求职者能否胜任该岗位的问题。通常，人们会问求职者具体做过什么（经验），而不是他参与过的某个项目取得了多大的成功（经验的质量）。

其次，将问题具体到行为。比如，你可以问求职者："你认为在什么情况下，一个人的领导力会遭到质疑？"这样的提问比"你的管理哲学是什么"有效得多。第15章中还会继续讨论，为什么要问具体到行为的问题。

再次，向每位面试同一岗位的求职者提出同样的问题。假如你要从5位求职者中选出一人担任行政助理，那么对每个人都应该提出同样的问题。这样你才能通过比较求职者的答案来做出判断（还能减少偏见）。

最后，每个面试官都应该严格遵照面试指南中的问题进行面试。这并不意味着要让你和其他面试官变成冷漠的机器人。恰恰相反，现在"剧本"已经定好了，你们要做的是表现出自己的感情，向求职者传递友好的信息。

第四步，加入笔试或演讲汇报环节，给求职者更多的准备时间，测试他们是否真的具备第二步中提到的能力。

评估求职者能力的最佳依据是他们的工作成果，但这在面试中很难做到。所以要加入一个模拟环节，让他们展示自己的工作成果。

在这个环节中，可以让求职者分析一项政策是否合理或者给公司提出一个改进意见；也可以让求职者用幻灯片来展示某个新产品的战略性，通过这次展示，你可以判断该求职者的语言表达能力与逻辑思维能力；还可以让求职者试着做一份财务预算，看看这个人的分析和规划能力如何。

你还可以采取盲审制度，做出评估后再公布某份汇报对应哪位求职者，这会进一步减少偏见，让评估求职者的过程更加客观。

第五步，制定一个结构化的面试反馈流程。这个流程会让你在每次面试结束后都能迅速收集面试官的反馈，而且能确保反馈与岗位核心能力相关（类似"你觉得叫埃里克的那个人怎么样"的问题是无效的）。

在所有面试官写下自己的反馈意见之前，不要讨论求职者。有一个概念叫作"精神污染"：无论喜欢与否，我们都会受到别人的影响而下意识地做出评判。关于这个概念的详细内容还会在第19章中继续探讨。

明确每个环节中谁是有权做出决策的人。假如你希望选中某个求职者，但是你的判断并不能作为最终决定，要让所有面试官都知道这一点。或者反过来，假如你有一票否决权，你的决定可以让某位求职者直接出局，也请你让所有面试官提前知悉。

我不能保证每一个面试过程都完美无瑕，即使你提前制定好面试流程，也不能扼杀所有意外与混乱。我想起自己经历过的最糟糕的一次面试，那年那个寒冷的12月，我在马萨诸塞州剑桥市的一家小型初创公司参加面试。面试时间是在早上，主要面试官就是该公司的首席执行官。在面试开始前，我想先去趟洗手间。办公室只有一个独立的洗手间，大门直接朝着公共办公区域。后来那位首席执行官推门而入的时候，我才意识到刚刚自己忘了锁门……当时我的眼球几乎要飞出眼眶。然而尴尬的不止我们两人，我可以清楚地看到坐在洗手间附近那些员工脸上的表情（即使看不清也能想象出来）。可是我不得不快速调整情绪，然后走出去，和首席执行官开始这次面试。在接下来的面试过程中，我们俩比男生、女生第一次一起上生理健康课时还要尴尬。最后，我果然没有得到这份工作。

希望你此生都不会经历如此尴尬的面试过程，也希望你在招聘新员工的过程中遵循本章所阐述的原则。如果你的公司已经制定了一个结构化、规范化的面试流程，希望你每次进行招聘时都会遵循这个流程；如果没有，附录中有一个模板可以供你参考。祝你招聘愉快！

BRINGING UP THE BOSS
新任管理者快速成长清单

1. 不要为了快速招到人而在面试时不断降低门槛，否则你会花费更多时间和精力来弥补自己的招聘失误。

2. 只要制定并遵循一个结构化、可持续、无偏见的面试流程，就能确保招到"最合适的人选"，而不是"你喜欢的人选"。

3. 要以同理心面试每一位候选人，确保面试双方都能获得宝贵的经验和良好的体验。

4. 制定结构化、可持续、无偏见的面试流程，只需5步：

   - 写清楚面试流程中的每一个环节；
   - 列明每一个空缺岗位所需的必备能力；
   - 为每一种类型的面试和岗位制定面试指南；
   - 加入笔试或演讲汇报环节；
   - 制定一个结构化的面试反馈流程。

BRINGING UP THE BOSS
Practical Lessons For New Managers

15
将面试问题具体到行为

或许我已经成功说服你将结构化的面试流程应用于招聘工作，但最终你很可能会依赖一种被称为"机场测试"①的面试方法（见图15-1），这种方法非常受企业青睐。或许你已经使用过这种方法来确定一位求职者是否适合你的组织，也就是说他是否与企业文化相契合。

现在让我们逐步了解一下机场测试背后的逻辑。

---

① 机场测试（Airport Test）的思路是：如果航班延误，"我"是否愿意跟这位求职者一起在机场等候？——译者注

机场测试有助于判断是否可以和一个人交朋友

我喜欢播客！

我去了缅因州的夏令营！

我大学时的男朋友认识你表哥！

我也喜欢！

不是吧？我也去过！

天哪，世界真的太小了！

机场测试对招聘毫无价值

你居然不知道如何使用 Excel？

为什么这个项目如此杂乱无章？

和你在机场聊天时感觉你很能干啊！

要不我们还是聊聊上周的播客吧！

有项目需要我负责吗？

那是因为我擅长聊天、看人、用公费喝酒！

图 15-1 "机场测试"的作用

我们说："我想聘用一个人，即使在 2 月中旬遇到暴风雪，我们一起被困在底特律机场 8 小时，我也不会觉得难以忍受。"

实际上，我们的潜台词是："我希望聘用一个朋友一般的员工，我们甚至可以一起喝点酒。"

我们说："我们应该聘用契合企业文化并愿意践行企业文化的人。"

实际上，我们的潜台词是："我们应该雇用那些和我们相似的人，因为我们自己在工作中非常努力，而且表现出色，这完全符合企业文化。所以，和我们相似的求职者也会在工作中表现出色，能与企业文化保持一致。"

就像第 14 章中所讨论的那样，我们很难客观地评估求职者，因为人们总是喜欢和自己相似的人。这种特殊的认知偏见被称为"亲密偏见"（affinity bias）。也就是说，我们会不自觉地被那些外表和行为与我们相似的人所吸引。在附录中，我提供了一个可以和团队成员一起做的活动，生动地展示了我们的亲密偏见。

你以为自己选中某位求职者是因为他谈吐不凡、出类拔萃，有这样的同事一定会让日常工作变得愉快。然而事实是，你喜欢某位求职者是因为他让你想起了自己，人们总是天生以自我为中心。你认为自己在工作中很出色（你很难看到自己的缺点），所以你最终会被那些和你相似的人吸引。这种招聘的可怕之处在于对求职者的筛选基本取决于面试官的个人喜好。但许多企业实际上都在鼓励这种做法，并称之为"企业文化契合度测试"，或者本章开头提到的那个糟糕的"机场测试"。

即使有一个结构化的面试流程，你仍然有可能根据直觉和喜好来招聘团队成员。你可能会忽略求职者能力上的重大缺陷，因为你的注意力全都放在你们对播客或者其他事物的共同喜好上了，你觉得对方很有趣，同时也忘了团队或者公司究竟需要一个什么样的人才。你的团队多样性逐渐消失，最终可能会导致群体思维僵化、团队创新能力和包容性降低，并且这种状况会一直延续下去。

但是，把直觉抛诸脑后，仅仅以数据作为判断依据也行不通。因为只依靠结构化的面试流程而忽略看人的直觉，也是一件可怕的事情。即使我们的直觉带有偏见和缺陷，但它仍然可以用来判断一个求职者是不是一个好人，他是否谦逊，是否懂得关心他人，是否擅长与他人合作。那么，如何将两者相结合，在结构化的面试流程中融入对求职者价值观的测试方法，以此判断是否应该让此人加入团队呢？

我推荐的方法是：将问题具体到行为。正如第14章中探讨的那样，制定结构化面试流程的第三步是为每一个岗位准备面试指南。里面的问题要精确、全面，能够帮助你判断求职者是否具备岗位所需的核心能力。指南中不能只有那些常规的老问题。一名优秀的管理者一定会把问题具体到行为，以确定求职者是否符合团队要求，是否契合企业文化。

一位智者说过："重复从来不会让祷告失效。"现在让我们快速回顾一下，为什么结构严谨、前后一致的面试流程非常重要，以及在这个过程中，为什么一定要把面试问题具体到行为。

为什么要结构严谨？ 因为这会迫使所有面试问题都围绕着求职者的能力和素质展开，你更容易了解一个人的整体情况。它可以有效防止你与求职者在面试过程中谈起一个你们都熟识的朋友，然后顺着这个话题不知不觉聊了20分钟。

为什么要前后一致？ 因为你只有问每个求职者同样的问题，才能在他们之间进行真正的比较。这会减少你潜意识中的偏见，让你不会"更容易"倾向于某位求职者。

为什么要具体到行为？ 因为这些问题的常用格式是"你曾经在遇到某情况的时候做过什么"，这样你会了解一个人实际做过什么，而不是猜测他未来会怎么做。

以下是一些将问题具体到行为的例子：

- 原有问题：我们公司鼓励反馈机制。你是如何看待接受和给予他人反馈这件事呢？
  具体到行为：在过去六个月中，你是否向领导提出过建设性的反馈？你提意见的方法和其他人有什么不同吗？

- 原有问题：你是否经常与你的上级领导意见不一致？你是如何处理这种情况的？

  具体到行为：你是否有过与领导意见不一致的情况？那次发生了什么？你是如何处理的？最后的结果是什么？

精明的求职者很擅长"现编"和讲陈词滥调，比如，他们很容易说："是的，我经常会遇到和上级意见不一致的情况。通常我会先让自己冷静下来，从客观数据入手处理分歧。"但如果你让求职者举一个最近遇到的例子，难度就会加大。他会开始认真检索一个真实案例，然后告诉你他在当时情况下的具体行为。你希望找到"不同的处理方式"，但大多数人的做法都差不多，且都对自己的行为模式感到很满意。

我面试过一位求职者，她先是抱怨自己的领导多么无能，然后开始自豪地讲述自己是如何成功让公司解雇领导的。她自认为这是一个加分项，因为她独自完成了老板和团队的所有工作。在求职者看来，她是在展示自己的能力。但在我看来，这位求职者不谦虚、欠缺团队意识，也缺乏在高压环境下工作的能力。

总之，如果你把面试问题具体到行为，就会知道一位求职者在职场中究竟是如何工作的。例如：

- 你会听到求职者过去遇到某种情况时是如何处理的，而这种情况也可能会出现在他未来的工作中。
- 你可以判断他的工作风格是否符合他的岗位要求或者团队需要（比如，他是厌恶冲突还是寻求冲突）。
- 你还可以判断求职者是以团队为中心还是以自我为中心的。当问起过去成功的项目经验时，你可以听听他的答案中有多少在谈论自己的成就，有多少在谈论和其他员工的配合。

- 你也可以判断求职者是否因曾经遇到的困难而不断责怪他人，或者他是否可以积极主动地迎接挑战、处理问题。

行为问题问得越多，你就越能找到明确的线索，从而了解这个人是如何工作的。① 在附录中，我列出了一些具体到行为的面试问题，以及这些问题背后蕴含的价值观。

并非所有求职者都能适应这种"行为面试"，对于"你曾经在什么时候做过什么"之类的问题，他们很可能缺乏充分的准备。针对这种情况，一些企业会在面试前给求职者发送一个资料包，里面包含本次面试涉及的重点领域和问题示例。这种方式会让竞争更加公平，减少面试官的偏见：每个人面对问题时的反应时间并不相同，有的人不太能即兴发挥，但这并不意味着他的工作能力欠佳。你可以根据求职者提前准备好的答案问出需要即兴发挥的问题，这也是一种有效且公平的方法。

在问出一系列具体到行为的问题后，你应当关注求职者的回答中的哪些要点呢？主要包括求职者对当时情况的简要概述、自己采取的行动，以及行动带来的结果。面试官应当提醒求职者要回答得简练，必要时可以打断他，或者就面试官关注的某个方向引导他继续作答。这样做也是为了公平竞争。一个求职者说出的答案漫无边际可能是因为紧张，也可能是因为他对某个问题毫无头绪。只要提前明确了岗位期待，就能区分上述两种情况，并判断出某位求职者是不是团队所需要的。

祝你面试愉快，不要再相信什么机场测试了。如果真的遇到航班延误，你

---

① 我喜欢和团队成员一起做一个练习：列出我们欣赏的团队文化价值观（例如谦逊、坚毅、注重合作），然后集思广益，提出一系列可以测试这些价值观的行为面试问题。我们还会打磨这些问题，使之越来越接近我们真正想要测试的内容。

其实不会和任何人一起在机场待 8 小时。比如，如果收到航班延误的通知，我会立刻去机场附近的喜来登酒店，在自动售货机里买好零食，然后回房间刷剧，直到再次收到航班起飞的提醒。

BRINGING UP THE BOSS
新任管理者快速成长清单

1. 不要再相信什么"机场测试"了，它有助于判断一个人是否可以交朋友，但对招聘毫无价值。

2. 面试时，最重要的是了解求职者实际做过什么，而不是猜测他未来会怎么做。

3. 只需将面试问题具体到行为，就能让求职者对他在以前的职场中是如何工作的实话实说。

**BRINGING UP
THE BOSS**
Practical Lessons For New Managers

16
认真对待新成员入职这件事

  那天，我在电梯里面对着镜子调整着自己的混纺外套，把头发拢到耳后，然后咧开嘴检查牙缝里有没有食物残渣，又偷偷地闻了闻腋下有没有异味。我做了几次深呼吸，试图平复自己的心跳，然后才走进我的新办公室。我既感到兴奋，又有点焦虑：如果我的同事不喜欢我怎么办？如果我第一天说错话了怎么办？如果我的老板意识到他招错了人，我不适合这份工作怎么办？如果我的牙缝里有早饭时吃的菠菜玉米饼渣，而我刚才并没有看到怎么办？

  这是我在一家初创公司担任高管的第一天所发生的事，现在想起来居然还有点怀念当时的感觉。这种感觉让我想起了高一刚入学那天，因为害怕其他同学不理我，所以干脆自己躲在学校图书馆里吃午饭。我还想起了大学毕业后的第一份工作，想起我在商学院实习的第一天，想起商学院毕业后找到的第一份工作……想起所有刚入职的第一天。

不管已经在职场中打拼了多少年，人们作为新员工的那段时间都不好过。人们害怕陌生的环境，害怕独自吃午饭，害怕被周围的人排斥。开始一份新的工作，意味着要面对新的同事、新的领导、新的角色和责任，其中有很多东西都超出了人们的舒适区。天哪，多么吓人啊！

其实，加入新的公司或团队让人觉得恐惧、不适是件很正常的事。人类天生就对"外人"心存怀疑。一个新人无法融入圈内，原因很简单，他当前还不能算内部团体的一部分。人们会在潜意识中对新来的人保持距离，很难与对方建立互信关系。在某些情况下，新人甚至会唤醒人们对他人的刻板印象，尤其是当这位新人的个人特征（如年龄、种族、性别）明显不同于群体内的其他人时，影响会更加明显。此外，不管你是否愿意承认，竞争意识总会发挥作用。我们的新同事或许也在暗暗地审视我们：这个人是朋友还是敌人？

从你让一个新人加入团队的那一刻起，你的团队就开始面临很多风险和不确定性。刚开始时，对团队的归属感会降低团队成员离职的可能性。当一个新人感觉自己是受欢迎的，能与其他团队成员融洽相处时，就会产生更多的信任与合作。相反，当一个新人觉得自己和其他团队成员格格不入时，就会产生大量的冲突、竞争以及人员流动。

也许你会想：我不需要担心新人会觉得自己格格不入。我们公司有无懈可击的招聘流程，我们的团队也非常团结，因为我们关注每个团队成员的心理安全感，我们一定会友善对待新人的，绝对不会让他觉得自己不受欢迎或被排斥。

我必须提醒一点：新员工在一家公司只会入职一次，管理者也只有这一次机会，让新员工觉得自己是受欢迎的，让他觉得这家公司是高效的、团结的、人性化的。通常，所谓的"友善团队"在处理新员工入职时会做得很糟，因为他们总是自认为已经对新人足够友善。优秀的管理者，要深思熟虑、始终如一、毫无保留地接纳新成员入职，不要浪费这唯一的一次机会。

让我们好好对待入职的新员工吧，下面这些要点有助于让新员工快速融入新团队。你可能会觉得这些要点非常简单，但随着你的团队不断扩大，个体是很容易被忽略的。如果同一天有很多新员工入职，这些看起来简单的要点很可能会被抛在脑后。

创建入职清单

首要且最重要的是，为你的团队创建一份入职清单，然后坚持执行。或许你公司的人事部门已经建立了入职清单，那么请在此基础上，为自己的团队专门制定一份清单。就像医院里的病历表一样，这可以避免工作上的遗漏，并且在这个过程中每个人都清楚自己扮演的角色。当员工知道有一个清晰的流程可以获取自己所需要的信息时，会立刻放松下来，而不用在入职第一天在办公楼里四处奔波，追问电脑在哪儿、办公室有什么规定、冰箱是否可以使用等琐事。我以前的一位同事凯特琳到现在都还记得，她曾经在连吃别人的酸奶5个月之后才知道，冰箱最上面一层不是公司提供给员工的免费食物。别让你的新员工也陷入这样的尴尬。

我喜欢将入职清单分为"入职前一周待办事项""入职第一天待办事项""入职第一个月待办事项"。整理好清单，每次有新员工入职的时候都要贯彻下去。在附录中，我也为你和团队成员提供了一个参考模板。

入职第一天，请新成员喝一杯咖啡

你可以请新员工喝一杯咖啡，随意聊聊天，把对方当成普通朋友而不是你的同事。给他们一个倾诉的机会，让他们分享让自己感到兴奋或者紧张的事情，或者谈一谈那些不会在面试中涉及的个人话题。我知道入职第一天会手忙脚乱，但这样的时间是值得挤一挤的。

立即分配任务

当新员工入职后，请立即给他们分配一个为期两周左右的项目。这会让新员工开始进入工作状态，在过程中逐渐了解相关的业务流程。通常管理者不太想给新员工压力，所以不给他们分配任务，以至于刚入职的那几天，他们只能干坐在那里，希望自己做点什么。管理者要给他们一个具体的项目，增强他们的信心，让他们了解团队的工作方式，同时意识到自己对团队的价值。如果这个项目需要新员工与其他团队成员展开合作与互动，那再好不过了。

让老员工帮助新员工

很多管理者会给每位新员工指定一位组内的"导师"，为新员工解答问题，带他一起吃饭，帮助他尽快和公司的同事熟悉起来。但更有效的办法是，让新员工与另一名团队成员共同完成一个项目。如果团队成员有共同的目标，无疑会更有凝聚力。这种做法会让现有团队成员意识到自己多了个帮手，并且会因此尽快和新员工熟悉起来。你还可以让现有团队成员承担一部分接待新成员的工作，包括新入职员工培训，这会让他们之间的关系更为紧密。

在新员工入职的第一周，让团队中的每一位同事轮流和他一起吃午餐（如果是居家办公状态，可以安排虚拟的午餐会）。这可以成为团队文化的一部分，要贯彻下去并且让团队成员意识到它的重要性。你要让团队成员知道，新员工入职是整个团队的事情，每个人都扮演着重要角色，不能仅仅依靠公司的招聘经理。

多请新员工喝咖啡

当新员工第一周的工作结束时,再请他们喝一次咖啡。询问他们本周在工作中是否遇到了什么问题,或者是否有其他困惑需要解答;询问他们对于公司的新员工入职流程是否满意,有没有什么改进的建议,并且邀请他们在未来新员工入职时给予支持。更重要的是,如果之前你还没有正式地介绍自己,请抓住这次机会,让新成员深入了解你。你可以展示出自己作为管理者的脆弱,因为展示自己的弱点会更容易与他人建立信任关系,新员工会对你和团队感到更加亲切。

戴尔·卡耐基 (Dale Carnegie) 在其著作《人性的弱点》(*How to Win Friends & Influence People*) 中谈到了这样一个场景:一天工作结束后,当你打开家门,你的狗狗欢呼雀跃地迎接你,这时你会体验到一种纯粹的快乐。同样,如果人们在加入新团队时受到同样的欢迎,体会到自己是被需要的,那么他们也会感受到那种纯粹的快乐和兴奋。优化新员工入职流程,让那些所谓的小事发挥巨大的力量,这将在很大程度上影响新员工的工作态度。最后别忘了由衷地说一句:"谢谢你加入我们的团队,你能来这里,我们觉得很荣幸。"这句话永远不会过时。

BRINGING UP THE BOSS
新任管理者快速成长清单

1. 新成员入职只有一次,你只有这一次机会让他觉得自己是受欢迎的。否则,就很有可能会导致频繁的冲突、竞争以及人员流动。

2. 只要制定一个清晰规范的入职流程，就能帮助新成员尽快融入团队。

3. 让新成员快速融入团队、进入工作状态的 4 个要点：

    - 创建一份入职清单；
    - 立即分配任务；
    - 让老成员帮助新成员；
    - 多请新成员喝咖啡。

BRINGING UP
THE BOSS
Practical Lessons For New Managers

17
与团队成员"和平分手"

让我们先来谈谈常见的 3 种分手方式：人间蒸发；给对方发送一条语焉不详的短信；鼓起勇气约对方出来，在咖啡馆之类的地方面对面尬聊，说一句"我们都无法回到从前了"。

公司和员工"分手"也有 3 种方式：员工主动离职，因为找到了更好的去处；员工业绩不佳（或有其他原因）被解雇；公司精简人员配置（批量裁员）。就像谈恋爱一样，不管是员工被公司"分手"，还是员工主动和公司"分手"，都是一件艰难的事，在这个过程中也总会有人不开心。

管理者会花费大量时间来讨论、担忧、咨询和指导员工离职的问题。你第一次不得不解雇某位员工，会是你管理生涯中的一次里程碑事件。随着时间的推移，你或许已经可以熟练地应对离职谈话，但只要有人离开，都会让你花费一番心血，就像你第一次解雇某位员工一样。

本章内容与前几章内容形成了闭环：我们已经探讨过面试、招聘、新员工入职。而现在，我们必须探讨员工离职的话题：**优秀的管理者懂得如何与团队成员"和平分手"。**

假设你有一位名叫卡莉的团队成员，为了让她继续留在团队，你把所有能做的工作都做了。你为她提供建设性的反馈、领导力训练，也尽可能地给她提供工作发展的机会，还为她制订了绩效改进计划，但她的绩效依然不佳。做出解雇的决定真的很难，但是你终于决定让卡莉离开了……这里想探讨的是，为什么对管理者和团队成员双方来说，解雇都是件艰难的事？

团队成员离职涉及两个关键难点。首先，作为管理者的你希望和团队成员开诚布公地沟通，然而员工的做法往往与你的愿望背道而驰。出于尊重，通常某位员工的具体离职原因是不会对所有团队成员公开的。例如，你不会告诉所有团队成员，卡莉离职的原因是财务数据造假。但从老员工离职到新员工加入的这段过渡期，其他团队成员很可能会觉得摸不着头脑，或者觉得管理者故作高深。尤其是在员工数量不太多的小型组织和初创公司中，每个人都认识其他人，这种影响会更加明显。你或许也想和团队成员多说一些，但又不能这么做，这会让你非常纠结，左右为难。

其次，离职通常是件注定会带来不快的事，有人甚至会因此而愤怒和质疑。尤其是当某位团队成员主动离职时，其他团队成员会因此负担更多工作，他们很难不心生抱怨。甚至留下来的团队成员还会质疑自己的能力：那些走的人是不是嫌弃自己？当某位团队成员被解雇时，多半会对公司心生怨恨，然后他会跟其他团队成员传递自己的负面情绪。这很容易引起其他团队成员的焦虑：自己会不会是下一个？员工被离职一定会给其他留下的团队成员造成不安，这与理性无关。离职一定会带来情绪，作为一名管理者，可能会有人对你怀恨在心。尽管你想尽可能地为团队成员多做些什么，但他们的情绪已经上来了，这就是处理员工离职问题的难点之一。

离职的 3 种类型

现在我们来聊聊关于离职的细节——法务部和人事部不会告知你的一些细节。当然，我不会探讨关于离职的相关政策或者手续（这可以写一本书）。我将针对 3 种不同类型的离职，从现有团队、离职员工和管理者自身 3 个维度出发，探讨如何与员工和平分手。

类型 1：员工主动离职

首先，当一名表现出色的员工主动要求离职时，一定会让你感到很糟糕。你觉得自己遭到了背叛；你觉得这名员工忘恩负义，你曾经给过他那么多工作机会；或者你觉得自己是不是做得不够好，所以他才会离开。

请抑制住这种遭到背叛的想法。相反，当你的团队诞生了一名明星员工，且他有了更好的新工作时，你应该为此庆祝。这也是你领导力的体现，因为这名员工在你的带领下获得了进步和成长。即使他要去别的地方创造更大的价值，获得新的成长，那也没关系，这是件好事。

原因如下：你带过的优秀员工离开后，去另一家公司扮演更重要的角色，这也在向你的其他成员释放信号：你是一个可以吸引人才的人，你可以为团队成员赋能，让他们变得更加优秀。并且，你也会吸引更多优秀的人加入团队，如此循环往复。

其次，留下的团队成员可能会担心，如此高绩效的员工离开，团队工作会不会因此崩溃？你可以带领团队成员一次次用事实证明：团队整体的力量一定大于某名优秀员工的个人力量。这不仅会给团队成员吃下定心丸，还会吸引更多人才加入你的团队。

要向留下的团队成员传达这样的信息：我们鼓励优秀员工找到更好的去处。这会让团队文化变得开放和包容。当有优秀员工主动离职时，要感谢他曾经为公司做出的贡献，并为他举办欢送仪式。

当然，很多员工选择离职不是因为他们的业绩优异到足以跳槽的地步，有可能仅仅是因为他们不喜欢团队文化，或者自己想要寻求突破和改变。尽管如此，管理者依然要尊重他们的决定并祝福他们，在他们离开时同样要欢送。

最后，不要让任何员工的离职导致团队惊慌失措，因为这关系到如何规划团队资源，以及团队未来的业务扩张计划。为了做到从容地欢送任何团队成员离开，你可以采用"一对一登记法则"：与团队成员建立互信关系，了解每位团队成员的愿望或职业发展规划，记录下来，并经常与团队成员沟通，看看公司是否可以为团队成员的长期发展目标赋能。这里有个前提，团队成员只有看到你之前以开放的态度对待离职员工，才更有可能对你敞开心扉，不害怕分享他们的个人目标。

类型2：员工业绩不佳（或有其他原因）被解雇

第一，你要明确的是，在决定解雇某个业绩不佳的员工之前，你已经尽力做了所有能够帮助他留下来的事情。员工自己也意识到自己的业务能力无法满足岗位需求（参考第5章的绩效改进计划），这个决定对他来说不是突发事件。

第二，在和被解雇的员工谈话时，要清楚明确地向对方传达公司的决定。

再次强调，此时被解雇的员工应该不会对这件事感到十分惊讶，之前你所做的一切已经足够让他心中有数。在类似的艰难谈话中，管理者经常会"说得太多"，造成离职员工的困惑，其实这是不必要的。

如果被解雇的员工觉得无须刻意隐瞒此事，你可以和他商量，如何向团队其他成员谈及他的离职原因。通常大多数被解雇的员工会担心同事怎么看待自己，害怕陷入尴尬的境地，想悄悄溜走，但提前商量好对策可以缓解这份焦虑。

第三，要表现出你的同理心和慷慨之情。失业对任何人来说都是件可怕的事，它会打击一个人的自我认知，使人陷入迷茫和崩溃的状态。如果条件允许，可以让员工确定好新工作后再正式离职，你也可以在这个过程中为他提供一些求职资源。

第四，要向团队成员传达离职信息。宣布某人即将离职，并分享他曾经为公司做出的所有贡献和努力。一些团队成员或许知道此人离职的原因是表现不佳，但其他人可能会误以为此人曾非常出色，这时不需要解释。

最后，最重要的是，你要告知团队成员，在与这名离职员工共事的时间里，你是如何帮助他提升业绩的，这样可以让团队成员明白：此次解雇不是突然决定的，它经历了一个清晰合理的过程。这会避免让其他成员陷入焦虑。

类型 3：公司精简人员配置（批量裁员）

受市场波动影响，公司战略发生变化，公司会优化自己的人员配置，批量裁员。此时公司的人事和法务部门会出面，制定详细的解雇方案。

首先，管理者向离职员工表现出慷慨和同理心是非常重要的。或许你无法改变公司的决策，但你仍然可以尽可能地为被解雇的团队成员提供帮助，替他们发声，为他们提供人脉资源。

批量裁员对那些留下来的团队成员来说也是一件可怕的事情：他们不知道自己会不会是下一个要离开的人，也会担心公司目前的经营状况。如果管理层决定裁员，裁员幅度可以比必要的大。但是哪怕裁得多，也请确保近期内批量裁员只发生一次。第一个月裁掉 10 人，第二个月裁掉 5 人，第三个月再裁掉 5 人……这是最糟糕的做法。团队成员会因此处于持续性焦虑状态，这种不确定性会严重影响他们的工作进度。所以，哪怕裁得多，也要确保一次性完成裁员。

其次，与留下的团队成员沟通时，重点应放在公司的稳定性和接下来的战略规划上。因此，要告知团队成员公司将会采取哪些措施应对市场变化（比如，公司是否要削减部分开支或差旅费），或者在战略上做出了哪些改变，以及员工们怎样做才能和公司一起共渡难关。在震荡面前，给团队成员一些抓手，他们就不会感到那么无助了。

批量裁员也是重组团队的好时期，这一点将会在第 18 章中展开讨论。你可以抓住机会制定新的规则，组建一个能够适应新局面的团队。

应对离职问题的 7 个通用建议

讨论离职总是会让人不愉快，但作为管理者，这会是你日常工作的一部分。以下是管理者应对离职问题的 7 个通用建议，对任何一种类型的离职都适用。

第一，制订一份详细的过渡计划。列出离职员工原本的职责，写清楚接下来将由谁接管，包括离职员工的直接下属。有时一名员工离职后，其他团队成员才会意识到他曾经承担着如此重要的工作。

第二，确定所有细节后，才可以将员工离职的信息告知其他团队成员。因为团队成员需要确定此人何时离开，他之前负责了哪些工作，是否有人能接替。你在公布离职信息的同时就应该把这些信息告诉他们。

第三，不要隐瞒人员离职的信息，也不要自欺欺人，以为大家不会注意到。你应该敞开心扉，鼓励其余团队成员提出疑问。有些问题如果不好回答，你可以直接说"我不知道"或者"这件事不太好说"。一名员工要走，其他人总是会留意到的，管理者要以开诚布公的心态对待员工离职。

第四，仔细考虑沟通的顺序。在某些情况下，如果你在告诉整个团队之前先向某些人传达离职信息，会对接下来的工作大有帮助。例如，如果一位管理人员要离职，首先应该告诉他的直接下属，然后再告诉团队的其他成员。

第五，越快越好。我们有时会想"拖住"离职员工，比如让他用3个月左右的时间完成工作交接。或者对于一些业绩不佳的员工，我们允许他再做两个月，作为他找到下一份工作的过渡期。当然，从财务角度来看，应当适当支持离职员工。但是对离职员工本身或者其他团队成员来说，明智的做法是让员工尽快离职。当一个人心不在焉时，工作效率是无法得到保证的。决定离开和真正离开之间的时间拉锯越长，给团队造成的负面影响就越大。

第六，让员工离职成为改善团队的机会。如果可能，那么请与离职员工进行一次面谈。你可以提出具体的问题，也可以是开放式的聊天。但要给员工提供一个反馈的机会，让他们说说自己对公司的意见或者担忧。这些反馈很可能会是改进团队的契机。

第七，前路漫漫，谁都有可能是你的人脉。在员工离职的整个过程中，请你展示出自己的友善和同理心。这句话听起来非常简单，但遇到情绪化的关口，我担心你会忘记一切。你可以建立一个离职员工的"校友群"，与他们保持联络。尤其是你带过的下属，要关注他们离开后的动向，尽可能地给予支持。

曾经在一个团队中，我们最喜欢的一位名叫帕沙的成员因业绩不佳被公司解雇了。但这其实是一件好事，我们帮他找到了一份更符合他能力模型的工作，他在过渡期内也几乎得到了团队所有成员的帮助。在帕沙离职那天，我们举行了一场香槟酒会。他说，这是自己经历过的最好的一次离职，然后他的眼泪夺眶而出。还有一个故事来自我曾经负责的另一个团队的成员，她叫柯尔斯滕。那次我们团队在开会，柯尔斯滕突然离开办公室。等到会议结束，她已经走了。空荡荡的工位上只留下一张纸条，通知大家她已经离职。我完全能理解她的心情。但此前我们一直努力帮助她改进绩效、融入团队，我们真的尽力了。

不管你有多少管理经验，人员离职总是一件棘手的事。你将花费大量时间冥思苦想：是否该解雇一个业绩不佳的员工，如何处理某名优秀员工跳槽后留下的工作，如何设计每一次离职谈话的要点，如何与其他团队成员传达有人离职的消息。不管你多么经验丰富，未来都可能会遇到一些灾难性的离职情况。本章中的建议或许会让你的工作稍微顺利一点，祝你好运。

BRINGING UP THE BOSS
新任管理者快速成长清单

1. 要想减少成员离职对整个团队的负面影响，就要与他们"和平分手"。

2. 与团队成员和平分手的关键是，了解他们的离职类型：团队成员主动离职，团队成员绩效不佳（或有其他原因）被解雇，公司精简人员配置（批量裁员）。

3. 处理离职问题时，沟通是关键：要向团队公开传达人员离职的时间，后续工作如何交接，以及离职背后的潜在原因。

BRINGING UP THE BOSS
像高效管理者一样思考

如何与团队一起应对人员变化

应对变化对于团队来说是件难事。无论是新员工的加入还是老员工的离开，都足够让管理者挣扎一阵子。管理者要引导自己的团队拥抱一切变化——无论变化是好是坏。

当然，每一个人对变化的反应速度是不同的，心态也是不同的。可能对泰勒来说，新员工加入团队是件好事，因为终于有人可以分担她的工作了；但对乔来说，新人加入会让他失望，因为他本以为那个职位会是自己的。对失去最佳工作拍档的团队成员来说，接下来的工作会让他焦虑、迷茫；但对那些目标明确的团队成员来说，人员变动可能会让他们更加振奋。

1991年，组织管理顾问威廉·布里奇斯（William Bridges）开发了一个框架，系统性地探究了人们对变化的反应模式。他尤为关注变革之后一段时期（过渡期）人们的不同情绪阶段。比如，公司的首席执行官决定离职，这是变化的开始。作为该公司的管理者之一,你要和团队成员一起度过这段过渡期。布里奇斯指出,过渡期分为三个阶段:结束、探索和迈向新的征程(见图 17-1)。人们在每一个阶段都会产生大量不同的情绪。

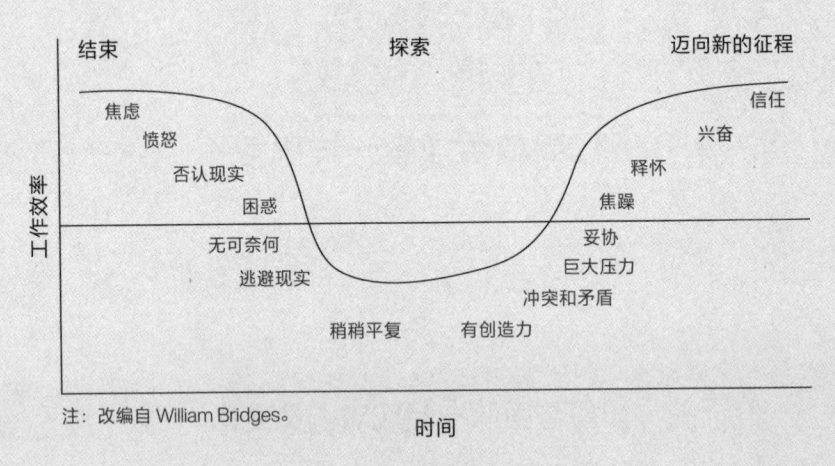

```
结束                      探索                    迈向新的征程

焦虑                                              信任
愤怒                                              兴奋
否认现实                                          释怀
困惑                                              焦躁
               无可奈何                    妥协
               逃避现实                    巨大压力
                                          冲突和矛盾
                        稍稍平复   有创造力

工作效率 (纵轴)            时间 (横轴)

注:改编自 William Bridges。
```

图 17-1 过渡期的 3 个阶段

显而易见,结束阶段会带来失落、愤怒、焦虑和困惑,因为这是一段需要放弃的时期。探索阶段处于中间地带,此时旧的秩序已经消失,新的格局尚未建成,或者说还无法真正运转,这段时期充满了不确定性。最后,迈向新的征程,人们会因为新的秩序逐渐形成而感到兴奋。

无论是你最喜欢的团队成员离职,还是公司换了老板,作为一名优秀的管理者,你都要和团队成员一起度过这段困难的过渡期。首先要注意的是,每个团队成员对变化的反应时间是不同的。你可能会很快适应新的变化,即使原来喜欢的下属离开了,你也可以很快招聘新员工入职,把握新的机会,迈上新的征程。但你的团队成员此时或许还处于结束阶段,所以当你踌躇满志的时候,他们真正需要的是你的耐心和同理心,请给他们足够的时间和过去告别。

这时最有效的方法就是多沟通、多交流。你要允许团队成员此时产生各种负面情绪，鼓励他们说出自己的困惑。与他们分享图 17-1，使他们更理性地看待变化后的过渡期，并对照自己正在经历哪一阶段的情绪变化。最后，与团队成员探讨接下来的计划。

以任何可能的方式，帮助团队成员找到过渡期的抓手，让他们对新的变化有一定的控制感。比如，你可以让团队成员为新来的上司制定入职流程和培训方案，鼓励团队成员提供反馈意见，对各种可能发生的问题做好预案，这也可以帮助他们尽快过渡。

此外，还要与团队成员一起构建应对不确定性的能力。你可以通过鼓励转变大家对不确定性的态度，让他们产生好奇，而不是恐惧。继续鼓励团队成员畅所欲言，说出自己的担忧，让他们专注于工作中可以掌控的领域。带领团队一起用冥想来放松身心是一个不错的方法。

BRINGING UP THE BOSS

Practical Lessons For New Managers

第 5 篇

如何激活团队动力

BRINGING UP THE BOSS

导读

很久之前，我加入了一个非常糟糕的团队。当时在哈萨克斯坦有一个大项目，而我们团队就是一群乌合之众。无论我们多么努力，似乎永远都无法像一个真正的团队那样行动。在这里，职责是混乱的，目标是不清晰的，项目负责人也不具备足够的领导力，团队成员之间经常起内讧、暗箭伤人，谁看谁都不顺眼。那时，一位有大型咨询公司工作经验的团队建设专家，试图通过一些活动让我们重新建立互信关系。一天工作结束后，我的同事们被迫参加一个名叫"哲学家的晚餐"的聚餐活动，而我装作胃痛溜回了房间。

这个"哲学家的晚餐"背后的创意很简单：每个参会的人都要带上一件对自己而言很有意义的个人物品，以此为切入点，让团队成员更加了解彼此。团队建设专家希望我们以朋友的目光审视彼此，对彼此有同理心，而不是互相怨恨。他以为这种方式会让我们的团队变得团结。

虽然我"逃课"了，但是我的同事罗德尼告诉了我那天晚上发生的一切。一开始，项目负责人用手风琴演奏了一段音乐，然后解释自己长期以来对巴洛克音乐的热爱。第二位团队成员展示了他祖父的手表，并告诉大家祖父是他生命中最重要的人。接下来是一位名叫维克托的员工，他平时很冷漠，不怎么和同事说话，休息的时候自己一个人刷手机。但是那天，他喝了一大口红酒，慢慢地把手伸进大衣，掏出一把手枪放在桌上。然后，他在众人惊慌失措的神色中缓缓说出了这样一句话："我给你们看这把手枪，目的是让你们知道，虽然我平时沉默寡言，但我不是一个好欺负的人。"能想象得到，现场所有人都吓得抱头鼠窜。那位团队建设专家则立刻赶往机场，坐上了能最快离开的航班。此后，整个团队依然陷入混乱与内讧之中。唯一的改变是，我们经常询问维克托是否需要糕点、咖啡，或者别的什么服务，我们都希望他过得愉快。

有时我会开玩笑说，团队的最佳规模是一人。因为相较于在一个糟糕的团队中工作，自己单干会更有效率。团队成员有时就像家人一样，没得选；但团队成员与家人也有不一样之处，你无法对他们大吼大叫。一个糟糕的团队，会消耗大量本该用于工作的时间，让你的努力付诸东流；会激发人性中的黑暗面，让你心生厌恶；最终会吞噬你的灵魂，让你失去自我。

但是，我们不能放弃团队工作这种形式。优秀的团队产出能力极高，每名团队成员都充满动力和成就感，能源源不断产生创意。大家能互相信任和关爱，敢于把后背交给其他团队成员，一起应对工作中的各种挑战。**在优秀的团队中工作，成员的潜能会得到激发，成员会成为更优秀的人。**

团队管理和个人管理是不一样的：人们在团队中会以各种各样的方式联结。在第18章中，我们将深入探讨如何激活团队动力这一话题，了解当一群人聚在一起完成某项工作时会发生的趣事；也会谈到团队中不可避免的斗争与拉锯，以及如何确保每名团队成员都能意识到自己的发言权。更重要的是，第

18 章将探讨，如果你发现自己的团队正在跑偏，该如何及时调整航向。

希望你永远都不会经历我曾在哈萨克斯坦时经历的一切。希望你能带出一支优秀的团队，也希望你给团队成员买糕点的唯一原因是发自关爱，而非怕死。

BRINGING UP
THE BOSS
Practical Lessons For New Managers

18
打造高效能团队所需的基石

让我们做一个小小的思想实验：假设你决定盖一栋海滨别墅。你为厨房装上了时髦的瓷砖和吸油烟机。你花费了很多时间挑选床单，并熨烫平整，让它与航海风格的床头柜看起来非常搭。你为客厅定制了一盏吊灯，设计风格实现了乡村风和现代极简风的完美平衡。你想象着客人们对着这盏灯赞不绝口的样子，你会暗自欣喜，嘴上则轻描淡写地说一句："还好。"然而好景不长，一股巨浪袭来，轻易地掀翻了你的整栋房子，因为你在装修上花了太多时间和精力，却忘了打好房子的地基。

这就是管理者在管理团队时经常陷入的误区：花费大量时间组建一个"完美"的团队，寻找合适的成员，思考如何分配任务，精心安排会议。所以当团队出现问题时，我们会非常震惊。在看似完美的表象下，我们组建的团队其实非常脆弱，无法承受任何打击。我们在不知不觉中建立了一支有名无实的团队。就像海滨别墅的例子一样，坚实的地基是前提条件，一支优秀的团队也需要在早期就打下坚实的地基。给团队打地基是个"技术活"，就像铺水泥一样，需要花费时间做细致的重复工作。

要带出一支优秀的团队，从一开始就要将关键要素置于合适的位置。但如果你的团队已经陷入"有名无实"的困境，那也别担心，扭转的时机正是当下。

无数的书、文章和播客都在讨论如何打造一支高效能团队。根据我的经验，最实用也最有效的是谷歌几年前开展的名为"亚里士多德计划"的研究。谷歌在简化流程、提高人效方面一直很有一套，他们研究了公司内部的180个团队之后发现，每个高效能团队内部的结构和管理方法都各不相同。比如，有的团队倾向于年龄、背景相似的成员，有的则是成员"老少咸宜"且"来自五湖四海"；有的团队在时间管理上非常严格，有的团队却认为时间并不能成为主导因素。但是，所有高效能团队都有相同的两块基石：明确的工作规范和心理安全感。

我们分别讨论一下这两块基石的意义，然后探讨如何将其应用于团队管理的实践中。

明确的工作规范。规范是指导工作的利器，是"游戏规则"。有趣的是，成功的团队并不在意什么是标准规范，他们更在意团队成员是否都在遵照同一套明确的规范。有的团队会在会议前20分钟聊一聊各自在周末做了什么，然后慢悠悠地开始讨论工作；有的团队则倾向于直接开始谈论工作，并且在过程中严禁讨论和工作无关的话题。但这并不妨碍他们都成为高效能团队。关键点在于，团队成员中的每个人都知道自己应该期待什么，并且都按照同一个"剧本"扮演各自的角色。

心理安全感。"心理安全感"的概念最早由心理学家艾米·埃德蒙森（Amy Edmondson）提出，指的是团队中的每个成员都能够安全地承担风险，不必担心失误后遭到报复或羞辱。团队成员的心理安全感越强，贡献度就越大。心理安全感由两部分构成：

- 同理心：团队成员了解各自过去的经历，并努力理解其他人的观点和经验。①
- 话语权：每个人都有发言权，团队成员的话语权是势均力敌、总体平衡的。（这里的"总体"指的是团队的整个生命周期，而非每次开会时团队成员的发言时间必须一致。）

如果你想了解团队成员的心理安全感现状，并继续追踪其进展，本书附录中有埃德蒙森和她的团队研发的相关心理测试，可供你参考。

现在你已经知道了管理团队的基本要素：明确的工作规范、心理安全感。② 接下来我们就来谈谈，作为管理者，你该如何将其应用于日常工作中。

明确的工作规范

在团队组建之初，管理者要和团队成员坐下来探讨工作规范，并以书面形式整理出来。很多管理者经常头脑中有了一些想法，但是没法清楚地表达出来，这就体现了书面整理的必要性。你对团队成员的岗位期待也要在这一时期整理出来。

---

① 你可以通过一个有趣的测验来考察自己的同理心水平，那就是剑桥大学的西蒙·伯龙·科恩（Simon Baron Cohen）博士开发的眼神读心的测验。
② 谷歌建立了一个电子表格来提升团队成员的心理安全感，管理者可以用作参考。

在明确规范时，要明确一些策略上的问题，比如"我们首选的沟通方式是什么"，以及一些价值导向问题，比如"我们更注重效率还是效果"。

同时，要讨论团队应当如何做出决策（比如协商一致、少数服从多数、领导有最终决定权），并分配好团队角色。再次强调，规范是什么并不重要（协商一致未必比少数服从多数更好），重要的是每个人都要遵照同一个规范。

此外，还要经常和团队成员一起回顾规范。有时随着工作环境的变化（比如从面对面工作变成线上工作），或者有新成员加入团队时，可能需要重新修订团队规范。

本书附录中提供了一个模板，可以帮助你和团队成员一起制定规范。

心理安全感

同理心

有些人天生就比其他人更有同理心。作为管理者，重要的是培养一种具有同理心的团队文化，让成员能够互相尊重和理解。最高境界是团队成员能够敞开心扉，与其他人感同身受，每个人都能互相了解彼此的个性，也都知道彼此最看重什么。但是做到这一点很难，在团队刚组建或团队已经暴露出问题时，尤其如此。

要想培养具有同理心的团队文化，有 3 种方法可以参考。我个人更倾向于使用"优势识别器"或者"九型人格测试"之类的工具，它们可以突出每个人不同的工作风格。① 当然，这些工具会存在一些问题，我也不赞成将人直截了当地分成不同类型。但是使用这些工具后，人们可以从优势出发谈论自己，也会很容易谈及自己的一些弱点。工具只是一种手段，能够帮助团队成员以更开放的心态介绍自己，促进彼此之间的理解与互信。

你可以每月或每两个月召开一次团队会议，围绕一个好问题展开讨论，这也是提升团队同理心、促进成员间相互理解的好方法。

你还可以鼓励团队成员更多地分享自己的个人生活，让成员了解彼此的经历，以及让他们分享在生活中是否会遇到什么困难，或者在遇到某种问题时，他们会以怎样特定的方式解决。我喜欢一个名为"标记时间"的工具（见图18-1），它也可以用来促进团队成员之间的沟通和交流。它的用法是：每个团队都把自己一年当中的高光时刻和低谷时刻列出来，然后和其他团队成员一起讨论，以增进他们之间的相互了解。

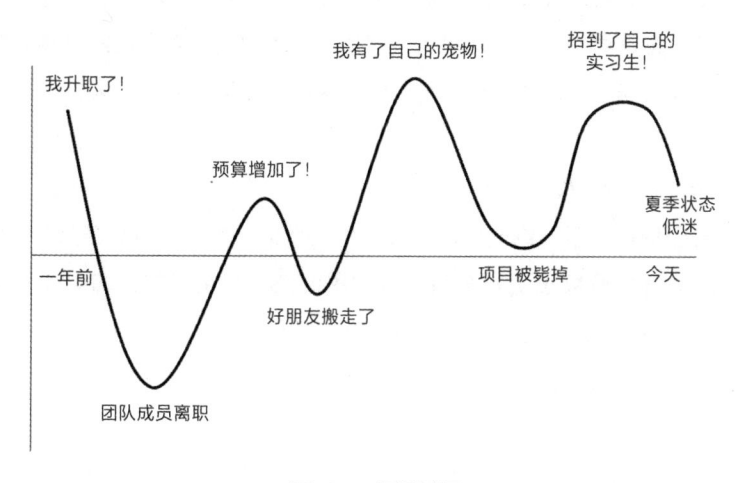

图 18-1 标记时间

---

① 有很多专业机构可以帮助你做出评估，我很喜欢将这些评估结果作为团队建设及与人沟通的起点。

第二部分 管理团队必须做的 8 件事

还有其他培养团队同理心的方法吗？我想只剩下"信任背摔"[1]了吧（开个玩笑）。

确保话语权

要确保团队中的每个成员都有发言权，他们不用担心自己会受到团队整体或某名成员的压制。第 21 章会详细讨论如何让团队成员感到舒适，放心大胆地吐露自己的心声。在这里我们可以先预演一下，我为你提供了一些参考方法来确保每名团队成员都有一定的话语权：

- 每次团队要做出重要决策前，安排一个"故意唱反调的人"。这可以让其他团队成员更放心地提出自己的反对意见，从而有助于你完善自己的决策。
- 让团队中资历最浅的人最先发言，并使这一做法成为惯例。
- 鼓励团队成员相互提问，而不仅仅是向管理者提问。
- 在讨论过程中时不时地点名，确保每个人都能发表自己的见解。尤其是在线上会议中，你很难看到大家的肢体语言和面部表情，时不时地点名可以为所有人提供发言的机会。（例如："莱斯莉，你觉得刚才第二条建议怎么样？"）
- 对于那些滔滔不绝的团队成员，要给他们提前"打好预防针"：每个人在团队会议上发言与倾听的时间应该是平衡的。如果他们说得太多，那么管理者可以出面打断（提前让他们知道你一定会这样做），确保会议顺利进行。

我加入过太多有名无实的团队，多得我自己都数不清。有的是研究生团

---

[1] 公司团建中常见的一种和信任相关的游戏。具体做法是一个人需要故意往后倒，他后面的组员会接住他。这样做的目的是增加团队成员之间的信任感。——编者注

队（比如 5 个研究生一组合作写论文），有的是管理团队（一群彼此看不顺眼的人一起经营他们热爱的初创公司），还有的是咨询团队（我所在的这个团队非常糟糕，8 名成员 3 周内有 3 人辞职）。最近我又加入了一个瑜伽静修团队，我原以为一群追求自我实现的瑜伽爱好者肯定会是很棒的团队成员，但我错了，我们面临了任何有名无实的团体所面临的问题，很多事情和我们预想的有偏差，这导致一部分学员感到失望和沮丧。但希望总是有的，明确的规范，为团队成员建立心理安全感，建立成员之间的互信关系，就可以为团队打好坚实的地基。

BRINGING UP THE BOSS
新任管理者快速成长清单

1. 要想打造高效能团队，就必须奠定两块基石：明确的工作规范和心理安全感。

2. 团队规范是否标准不重要，重要的是大家都在遵照同一套规范。

3. 建立心理安全感，最重要的是培养一种具有同理心的团队文化。同时，保证团队中的每个成员都有发言权。

BRINGING UP
THE BOSS
Practical Lessons For New Managers

19
让团队成员敢于发声

在一个炎热的夏日，住在得克萨斯州中部的一家人坐在自家的门廊上，他们汗流浃背，无所事事。祖父建议换个环境避暑，但是没有提出什么吸引人的方案；祖母建议全家一起开车去阿比林，但这是另外一个炎热的城市，所有人都沉默了。

妈妈问爸爸："你想去阿比林吗？"

爸爸说："还行吧……"

小孙子问祖父："你想去阿比林吗？"祖父不置可否地耸了耸肩。其实所有人都知道在这样的天气去阿比林是个糟糕的主意，没人真的想去。但他们最后还是开着自家没有空调的大篷车去了阿比林。事实上，这样做还不如继续待在家里的门廊上避暑。

这就是所谓的"阿比林悖论"：一群人一起制定一个决策，决策结果却与大多数人的意愿相违背。阿比林悖论在生活中很常见。回想一下你与一群好朋友讨论去哪里吃饭，结果通常是去了一家没人喜欢的、平平无奇的餐厅。现在让我们复盘一下，阿比林悖论是如何发挥作用的：有人抛出了一个想法（通常是第一个发言的人），接下来没人愿意否定他，于是决策就这样被制定了，但大多数人没觉得这个决策有多好。或者，一组面试官一起决定哪位求职者可以入职时，最终确定的往往是那个不好也不坏、没有任何特质的求职者。面试官们回过头来也会疑惑："我们为什么会选出排名第三甚至第四的人呢？"

管理者经常要带领团队成员一起做出决策，这件事的难点在于，当我们把一群人聚在一起时，他们很容易成为阿比林悖论或其他奇怪群体思维现象的牺牲品。错误决策往往是大多数人的沉默造成的，或者是因为有人提出了异议，但团队其他人没有听从。**为了管理好团队，你要确保所有成员都敢于畅所欲言。不管是在分享自己的见解或创意时，还是在反对他人的观点（尤其是有人反对你的意见）时，他们都应该是放心大胆的。不管他们在组织中处于何种地位，你都要确保他们的声音真正被听到。**

让我们先来谈谈，为什么一定要确保团队成员敢于畅所欲言。当我们屏蔽对立观点或手头上的潜在信息时，团队成员会更容易做出糟糕的决策。知名团队做出灾难性决策的案例在历史上比比皆是，正是因为他们让阿比林悖论和群体思维在决策中占了上风。这就是为什么"挑战者"号航天飞机在有科学数据支撑的情况下依然不幸坠毁；为什么血液检测公司 Theranos 尽管受到一群才华横溢的权威专家监督，却能够在没有实际产品的情况下进行欺诈；为什么优步的员工经过深思熟虑之后竟然推行了一个不道德的商业策略，目的是欺瞒政府。

确保团队成员畅所欲言还有另外一个重要意义：有助于培养包容、反压迫的团队文化。你不能以提高效率为借口，省去团队成员发表见解的时间。这种紧迫感其实是管理者无意或潜意识地维持自己权力的方式。

我们总是自以为是，认为自己的团队永远不会做出糟糕的决策。如果有问题，团队成员一定会表达出来，我们可以及时悬崖勒马。但群体思维现象总是在不知不觉中发生的，我们看不到，也很难意识到。

现在让我们来谈谈为什么团队成员很难畅所欲言，为什么我们很难意识到群体思维现象正在发生（我们的潜意识又在发挥作用了）。

为什么人们不愿发声

在内心深处，我们都想成为群体的一部分。 一个人很难与群体中的其他人持有不同意见，因为意识到自己是少数派会造成个人的严重焦虑。心理学家所罗门·阿希（Solomon Asch）曾用一个著名的心理试验（见图 19-1）证实，个人宁愿群体一起犯错，也不愿向群体提出反对意见。知道群体正在犯错，这会给个人带来巨大压力。因为我们关心别人对我们的看法，所以我们会遵照群体的看法，即使我们意识到这些看法可能是错误的，也是如此。

我们都认为信息是种工具，共享会更好。 在小组中，人们讨论的都是已知的共享信息，我称其为"高中同学会现象"。当你和高中同学重新聚在一起时，你们会花时间谈论共同的记忆和你们都认识的那些朋友，而不是任何新的事物。在一个团队中，共享信息很有用、很关键，但大家很难提出新的信息。更糟糕的是，很多领域的专家也陷入了同样的泥潭中。研究表明，当一群医生一起诊断患者时，他们也会谈论共享信息而无法提供新的独特信息，这最终会导致错误的临床诊断。

图 19-1 阿希试验

我们的头脑很容易被"污染"。 尽管我们没有意识到，但我们的判断很有可能是在他人的影响下做出的。这就是精神污染的过程，它会阻止我们提出公平公正的见解。请回想一下团队每次的头脑风暴，常常到最后大家都是在讨论第一个想法或者团队中最资深的那个人提出的想法，因为大家的精神被污染了。

我们会主动"举白旗"。 在小组讨论的过程中，人们可能经常会"举白旗"，即团队成员在精神上退出了此次讨论，不再关心大家的决定。当团队成员雅克开始思考午饭吃什么、夏威夷冲浪碗是否健康之类的事情时，会议上讨论的重点已经无关紧要；当团队成员史蒂文在会议室里热得汗流浃背时，只要能快速结束离开会议室，他可以支持任何决定。当我们认为别人比我们更专业时，或者觉得某个决定对我们并无影响时，或者对自己能做出有意义的贡献缺乏信心时，我们很容易就会"举白旗"。

没人喜欢爱找碴的人。 人人都希望受到他人的喜欢，这也是我们不愿提出异议的原因（这一点在管理年轻团队成员的时候要格外注意）。请试想一下，我们喜欢什么样的人呢？当然是随和的、认同和支持我们想法的人。所以，当团队中的年轻人想给其他人留下讨喜的印象时，他们不会对任何一个人的想法提出反对意见，对优秀的团队负责人（如管理者）的想法更是如此。所以，团队成员的说法和真实想法的差距可能很大，如图 19-2 所示。

你的团队成员是这样说的　　　　你的团队成员是这样想的

- 坦布，你真的太棒了！
- 我从来没听过这么好的想法。
- 公司应该给你的幻灯片颁发诺贝尔奖！
- 这可能是人类历史上最差的一个创意。
- 是时候更新简历了，不然越干越失望。
- #&$@*%????

图 19-2　团队成员的说法和实际的想法

知道以上原因之后，下一个问题就是：作为一名管理者，如何鼓励你的团队成员直言不讳？

让团队成员敢于发声的方法

征求不同团队成员的意见和想法。 有时候，人们欠缺的只是一个邀请。在管理团队的过程中，你要经常征求成员们的意见，并认真倾听他们的意见。

指定一个"故意唱反调的人"。 每当需要团队一起做出重要决策时，就在你的团队中指定一名对每一个论点提出相反观点的成员。这不仅有助于团队做出更明智、更有效的决策，还会帮助年轻成员建立信心，敢于提出反对意见。同样，不要只问一句"每个人都同意吗"，然后就等着人们点头。要依次问一问："阿什利，你同意这个观点吗？艾琳，你能谈谈这个决策行不通的原因吗？"

在进行头脑风暴前，让团队成员"独谋"。 如果你需要召开一个集思广益的会议，那么在开会前先要求团队成员独立提出想法，然后再在会上讨论。这会让头脑风暴会议更具创意性和多样性，因为"独谋"的过程减少了精神污染。在制定决策前，你也可以采用同样的方法，让团队成员在会议前写下各自的论据或见解，这会为决策提供更多有价值的信息。

为异议"点赞"。 在团队中培养一种文化，让敢于直言不讳的人得到公开的赞扬和奖励（例如晋升、给予更多职权、获得更多员工的认可等）。很多公司将"异议"作为文化支柱之一，并且规定每个员工都有提出异议的义务。

管理者最后发言。 一旦你手里有了点权力，人们就会对你另眼相待。尽管你的确很优秀、很酷、很有趣，但团队成员更多的是出于对你管理者身份的尊重，才会根据你的观点来改变自己原本的看法。所以，要让团队中资历最浅的人先发言，管理者最后发言。

让团队成员意识到负面影响正在产生。 让团队成员了解"举白旗"的含义，然后在这种现象发生时，把这层窗户纸捅破。当有人开始心不在焉时，你可以点名："嘿，美雪，你是不是举白旗了？告诉我你在想什么？"这种中性词汇远比你吼一句"嘿，美雪，这个会议让你觉得无聊吗？我都看出来了"要好得多。

我想提醒的是，对某些人来说，直言不讳是件特别具有挑战性或者比较复杂的事。无论采取何种形式，管理者的最终目标都是听见不同的声音和意见。

我的一名男同学分享了他是如何在会议中限制自己的发言次数的，以免让人觉得他是咄咄逼人或者爱找茬的人。作为团队中唯一的女性，我也有过类似的心境，我也会限制自己提出异议的次数（有时这种行为甚至是无意识的）。

我之前在一家初创公司的经历也可以给大家作为参考。当时管理层开会讨论让基层团队成员畅所欲言的重要性，这是我们企业文化的重要组成部分。这时一名来自中国的女员工克莱尔举起了手，我们提醒她发言不必举手示意，直接说就行。克莱尔告诉我们，传统的中国式教育让她习惯了"慎言"，她必须先多多思考自己的想法，觉得时机成熟了才会分享给大家。因此，公司要求她想到什么就立刻说出来，这与她的价值观截然相反，她无法适应这种文化。于是管理层开始重新思考之前的决定，也向所有团队成员传递了克莱尔的想法。然后，我们开始在提出某个问题或决策前留给大家更多的暂停时间，让内向的员工在分享之前整理一下自己的想法。我们也鼓励大家在开会讨论前先提交书面意见，以代替激烈的口头辩论。

如果你是一名新任管理者，那么不安和无力感可能会将你包围，因为你担心团队成员认为你不够聪明、不称职、不配坐在现在的位置上。其实，即使是经验丰富的管理者也会有类似的感受。不安可能会导致你在会议上发言太多，显得自己知道所有问题的答案，将自己的所有弱点隐藏起来。这时团队成员的任何异议都会令你特别敏感，也会进一步打击你的信心。但你依然要努力克服自己的不安，让团队成员直言不讳。过程会有点艰难，但最后你会因此变得更强，团队成员也会更容易分享自己的见解和观点，促使整个团队做出更好的决策。并且，每个人都会觉得自己是团队的重要组成部分，他们有安全感，可以放心地提出不同意见，想法才会不断流动，没有人会陷入阿比林悖论。

BRINGING UP THE BOSS

新任管理者快速成长清单

1. 当你和团队一起决策时,一定要确保他们敢于发声,否则最终的决策只会与他们真正的意愿相违背。

2. 让团队成员敢于发声的 6 个方法:

    - 征求不同人的意见和想法;
    - 任命一位"故意唱反调的人";
    - 在头脑风暴前,让团队成员"独谋";
    - 为异议"点赞";
    - 管理者最后发言;
    - 让团队成员意识到负面影响正在发生。

BRINGING UP
THE BOSS
Practical Lessons For New Managers

20
学会正确应对团队中的冲突

一天傍晚，我和好友维伊一起散步时聊起了工作，她提到自己管理的团队内部出现了冲突，这让她非常困扰。我一边晃动手臂、扭动臀部，一边听她诉说团队成员是如何意见不一甚至吵得面红耳赤的。就在她开始思考自己该如何改善当下的状况时，我追问道："你的团队里究竟发生了什么类型的冲突？他们争执的目的是什么？"

尽管"冲突"这个词带有一丝消极的意味，但它到底是好是坏，还是要具体问题具体分析。有时冲突非常可怕，因为这意味着我们和那些产生分歧的同事（家庭成员、伴侣等）三观不合。这种冲突会让我们感到愤怒，最后争执双方很有可能会一拍两散。冲突有时又会带来好处，学会正确应对冲突甚至是一项生存技能（这一点世界各地的婚姻治疗师都会同意）。富有成效的冲突降低了群体思维的影响，能够检验我们潜意识中的偏见是否在发挥作用。冲突甚至会带来创新。

从表面上看，团队成员间的冲突都是相似的：双方吵得不可开交，感受不到尊重和互信，只有愤怒在燃烧。起初的一个分歧像滚雪球一样越来越大，在对方眼里我们都变成了自私且无耻的恶劣同事。但实际上，冲突分为不同类型。理解"为何而战"非常重要：因为这样我们才能明白某次冲突是有益的还是有害的。想要成为一名优秀的管理者，了解你的团队正在经历什么类型的冲突以及如何应对这些冲突非常重要。有3种主要冲突及驱动原因，见图20-1。

图 20-1　3 种主要冲突及驱动原因

关系冲突

这种类型的冲突十分糟糕，起因可能是团队成员在宗教信仰、价值观和人际交往方面存在非常大的分歧。简而言之，假如你从心底不喜欢某个团队成员，也完全不认可他的三观，这种冲突就会发生。

关系冲突带给团队的负面影响是最大的，它会降低效率，阻碍沟通，减少信任。那些优秀的团队中很少发生关系冲突。作为一名管理者，你该如何处理关系冲突呢？第 18 章中指出，优秀团队的基石是提升团队成员间的互信程度和同理心，并且要让他们更深入地了解彼此。

心理学家洛莉·戈特利布 (Lori Gottlieb) 说过："你很少会在真正了解一个人之后继续讨厌他。"因此，应对关系冲突最好的办法就是使团队成员加深对彼此的了解。

需要注意的一点是：虽然关系冲突通常发生在两名对立的成员之间，但负面情绪往往会波及整个团队。聪明的你已经想到了，这也是"情绪传染"。因此，作为一名管理者，你需要解决这些双边摩擦问题，以保证其他团队成员的工作有序进行。

任务冲突

任务冲突指的是团队成员在想法、创意或实际工作成果上产生分歧。比如，你的团队因为新产品应该配置铃声还是口哨声而争执不下，因为求职者 A 还是求职者 B 更适合空缺岗位这一问题吵得不可开交。

然而，任务冲突可能会给团队带来意想不到的好处。就像第 19 章中谈论的那样，分歧可以减少群体思维和内隐偏见带来的负面影响，也会推动新创意的产生。一个优秀的团队内部会发生适量的任务冲突。如果你的团队内部没有任何意见分歧，那你反而应该担心了。

管理者应该如何应对任务冲突呢？首先，要确保团队的多样性。当团队成员在背景、工作经验、职务、年龄等因素上存在差异时，任务冲突的价值会被放大，因为每个人都会带着各自的视角或生活经历来看待当下的问题。

其次，可以采取其他与避免群体思维的方法非常类似的方法，让任务冲突更有价值。比如：开会前指派一个"故意唱反调的人"；多做头脑风暴，但在此之前要让团队成员先"独谋"；奖励敢于提出异议、与同事展开辩论的成员，同时更要奖励那些善于表达异议的人。

进程冲突

进程冲突指的是，团队成员在日程安排、差旅安排、工作分配以及完成工作的整个进度中发生的冲突。这种冲突属于恰到好处的类型，经常会发生在项目刚开始或即将结束时，原因恰恰是任务刚刚开始分配，或者项目即将完成。

进程冲突虽然难以避免，但如果发生太多，团队成员也会为此感到沮丧，甚至会由此上升至关系冲突。就我个人而言，进程冲突是最容易让人抓狂的。我讨厌在日程安排或分配工作的时候与别人产生分歧，可不得不说这种冲突反而有助于找到最高效的工作方法。此外，如果没有对工作进度进行充分的讨论，团队成员很容易就会对工作分配、截止日期等事项产生不满和抱怨。

管理者应该如何应对进程冲突呢？这一切还要回到之前讨论过的一个话题：优秀团队的基石是什么？管理者需要建立明确的规范，让团队成员明白通常情况下工作流程是怎样的，团队应该如何做出重大决策（是所有人协商一致，还是少数服从多数，或者团队负责人拍板），以及团队会议是如何进行的。团队越是能遵照一致的规范完成工作，每次进程冲突就能带来越多的正面影响。

具体来说，管理者必须知道发生进程冲突时应该如何快速解决。比如，当你的团队成员在开会时间上存在分歧，你要如何解决？那些能够快速处理进程冲突的团队基本上都是高绩效团队。他们会制定一些简单的规则，比如每周三固定开例会，每次线上会议都使用同一个邀请码，团队成员按照值班表轮流做会议记录……养成习惯以后，很多不必要的进程冲突就会消失。

在高绩效团队中，关系冲突是最少发生的，任务冲突一般在项目中期达到峰值，进程冲突则发生在项目开始和结束的时候（见图20-2）。

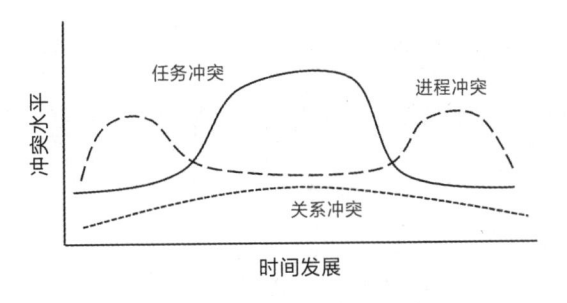

图20-2　高绩效团队中的冲突

我曾经在的一个团队充满了各种冲突。我们的业务举步维艰，我们为了扭转局面而努力。通常我们采用的战术包括（但不限于）：通过大吼大叫来压制住他人的想法；沉默以对；忍不住就哭，或者故意哭给对方看；冷漠地否认任何冲突的存在，假装无事发生。

很多时候，与采取何种创意来完成工作有关的任务冲突和与采用何种方式来做出决策有关的进程冲突会迅速上升为关系冲突。关系冲突一旦发生，团队成员之间的信任会顷刻间被摧毁，并且在短时间内难以修复。

我知道，每当冲突发生时，场面很可能会一团糟，将冲突直接分为 3 种类型在很多管理者眼中或许过于简单粗暴了。**但是，让团队成员对正在发生的冲突有相对清晰的认识，知道自己正在经历的是何种类型的冲突，有助于减少冲突带来的负面影响。**所以，当你下次对团队成员大喊大叫，或者强压怒火但又害怕他们反对你时，不如想想自己正在经历哪种冲突。

BRINGING UP THE BOSS
新任管理者快速成长清单

1. 不要简单地断言冲突是有益的还是有害的，要具体问题具体分析。

2. 只有理解冲突的类型和冲突双方"为何而战"，才能明白冲突是有益的还是有害的。

3. 团队中有三类主要冲突：

    - 关系冲突带来的负面影响最大，会损害团队成员的互信关系，阻碍沟通；
    - 任务冲突有助于推动新创意的产生；
    - 进程冲突最容易让人抓狂。

BRINGING UP
THE BOSS
Practical Lessons For New Managers

21
有效管理会议

　　这一章将从一个故事开始。普雷舍丝以首席执行官助理的身份加入了一家初创公司，这是她大学毕业后的第一份工作，总是被日程安排、差旅安排、预订餐食之类的事项填满，多少有些无聊。然而，她依然在工作中发现了自己喜欢的事：做笔记，而且是那种特别冗长乏味的笔记。你可能会问为什么，原因很简单：作为助理，普雷舍丝必须和首席执行官一起出席所有会议并做好会议纪要。因此，她见证了这家初创公司的很多重要时刻：首席执行官完成了第一笔可以让公司继续运营下去的巨额订单；公司决定重组架构；公司得到了B轮融资。

　　普雷舍丝觉得这些会议有某种强大的气场。作为一个职场新人，当周围坐着一群资历较深的前辈在一起商讨大事时，你会觉得受益匪浅。当管理层做出重要战略决策时，当客户对产品表示质疑时，当供应商和老板进行关键谈判时……在这样的时刻，暗中观察是非常有意义的，你会通过见证这些时刻而获得学习和成长。

但是，让我们从另一个角度再看看这件事。我和一个朋友通过短信聊天时讨论了美国最受欢迎的超市之一——乔氏超市已经停产的商品，她甚至还从社交软件里截了好几张图发给我：有细节，有真相，还有她自己对某些产品消失原因的阴谋论的评论。其实，我们发短信时她正在开工作会议。还有一次，我在参加一个30人的线上会议。我在这个会议上"效率"极高：预约了一位新牙医，买了一件新的休闲服，查看了当前比特币的价格，还在狗狗收养网站上提交了个人申请……好吧，我敢肯定，你一定也有过在会议开到一半时茫然四顾的经历："我到底在这儿干什么呢？"

开会，是最令人讨厌的事情之一。开会让我们疲惫不堪。随着组织规模的扩大，沟通和协调变得越发困难，而解决这些问题的方式是开更多的会：进展同步会、跨部门协作会、头脑风暴会、周会、茶话会……仿佛不开会，我们就难以做出任何决策。而且，我们不想有人觉得自己被忽视，所以为了以防万一，每次开会时恨不得邀请所有人。

这里有一个悖论：作为一名管理者，你想让团队中所有成员都参与到会议中来。你想为团队成员的发展提供支持，而举办会议是一个帮助他们成长的好机会。此外，你还需要对一种常见的抱怨保持敏感，即当一家初创公司规模变大时，人们（尤其是早期加入者）会越来越觉得自己与决策脱节。然而，过多的会议和过多的参与者会导致低效。坦率地说，这不是利用时间的好方法。你的团队可能会因毫无价值的会议而饱受摧残。

想要成为一名优秀的管理者，就要像对待新产品研发、客户、新员工或投资人那样，谨慎地思考应该如何开会（以及应该邀请谁参会）。**简言之，对待开会要像对待投资人和客户一样谨慎。**

前文已经探讨过如何带领团队一起做出有效决策、如何为团队成员制定明确的规范和岗位期待，这些都可以提高会议的效率。此外，还可以通过其他方式有效地管理会议，同时确保团队成员尽可能投入其中，并能从会议讨论的信息中受益。接下来，我将提供7个建议，帮助你了解如何保持头脑清醒、高效开会。

第一，允许存在"会议悖论"：

- 让团队成员知道，不是每个人都应该被邀请参加会议，鼓励他们说出自己的担忧。当一个组织变得越来越大时，参会人员反而应该精简，这是我们必须面对的变化。
- 与团队成员一起制订他们的发展计划，为他们创造机会，让他们参与发展计划直接相关的特定会议。例如，如果团队成员想在销售领域有所建树，那他们可以参加每月的销售会议，以获取更多经验。

第二，像对待大客户一样对待会议邀请名单上的人：

- 仔细检查每一次的会议邀请名单，考虑每位参会人员是否有特定的角色或目的，如果没有，那就把他划掉（也就是一开始就不要邀请他）。
- 如果你担心有的团队成员会因为没有受到邀请而不满，那么请及时告知他们没邀请他们的原因，并在会议结束后第一时间与他们同步会议纪要。他们虽然不在会议室里，但是依然可以了解相关信息。

第三，没有议程，就不要开会：

- 制定议程并提前分享给与会人员。
- 议程中要包括会议目标：我们需要做出什么决定、如何集思广益、如何自我审查。
- 议程中还要包括对参会者的要求：提前阅读材料、提前做好准备工作。

第四，明确自己的角色，并分配好参会人员的角色：

- 你是否认为职级较低的员工应该主动在开会时做会议纪要？当他们没有这么做的时候，你是否会严厉地瞪着他们？
- 如果你明确了每个参会人员的角色，就应该大声地提醒他们。

第五，无论你认为自己能力有多强，在开会时都不要同时处理多项任务（也不要允许其他人这样做）：

- 如果你发现自己在开会时同时处理多项任务，那么请停下来问问自己是否有必要出席这次会议。如果没有，那么下次无须再出席类似会议了。
- 一旦会议中最高层的管理者开始同时处理多项任务，就发出了一个信号：其他人也无须完全投入会议。
- 不要在开会时回复电子邮件，不要刷你的 Instagram，等等。

第六，第一次会议时就该计划好第二次会议：

- 在本次会议结束前，明确后续行动方案：谁会在什么时候做什么？
- 确保每个人清楚自己接下来要做什么。
- 向那些没有参会的人及时发送一份会议纪要邮件，这是一件非常贴心的事。

线上会议和面对面会议一样，也会面临许多考验，甚至我们在面对面开会时的坏习惯会在线上会议中加剧。召开线上会议时，请注意以下几点：

- 召开线上会议时，一键邀请所有人参会是非常容易的，但这并不意味着你应当这样做。你应该像对待面对面会议那样，谨慎对待邀请名单上的人，甚至比面对面会议更加严格，以此减少参会人员在开会时处理多项任务的可能性。

- 直接点名，保持与每一位参会人员的互动。不要只对着一堆头像问："大家有什么建议吗？"相反，你应该直接点名提问，如"索伦，你对幻灯片第10页的内容怎么看"或者"哈莉，这个决策你有什么意见吗"。

- 再次强调，不要在开会时处理多项任务。

- 让团队成员不要客套。线上会议中如果有一半时间浪费在几个人同时开口说话然后互相道歉上，那真的很烦人。"不好意思你先说。""不，还是你说吧。""不，没关系，你先说。"然后大家又开始同时说话，再次互相道歉，不断重复这种恶性循环。你应该要求参会成员停止这种客套，直接开口说话即可。如果发现有人没有足够的时间表达自己的观点，那么作为会议负责人，你只需在上一位成员说完时再度邀请这个人发言即可。

- 一些组织采用我称之为"最小公分母"的开会方式。比如，如果团队中大多数成员都可以面对面开会，但有一个成员只能以线上形式参与，那么全体成员都需要登陆线上会议账号，以线上形式开会；如果某个团队成员只能用语音通话，那么其他使用视频通话的人也要和他一起使用语音通话。如果你曾是那个少数成员，那么你一定会明白，这种"最小公分母"的方法能够确保每个人的声音都被听见，不会让任何人觉得自己被忽视。

- 除了"最小公分母"的方法外，还可以减少视频会议的频率，改用语音通话。因为在镜头面前，我们更容易焦头烂额，并且团队成员可能也需要从紧盯屏幕的状态中抽离出来,休息一下。你可以允许多用语音通话的形式开会。

每隔一段时间,我都会快速回顾一下自己开过的会议。比如,回顾这一个月以来我都开了哪些会,并冷静分析这些会议的目的。我不会参加那些只需要会后看一封邮件就能同步信息的会议,也不会邀请同事参加类似的会议。我会根据需要来缩短或延长会议时间,以实现我的会议目的。你可以把会议当成换季大扫除,就像日本收纳大师近藤麻理惠对待家务那样对待会议。如果开会不能带来任何乐趣,那还不如不开会。

BRINGING UP THE BOSS
新任管理者快速成长清单

1. 只有像对待客户那样,谨慎地思考该如何开会,以及该邀请谁参加,才能确保会议的有效性。

2. 要想确保参会人员认真投入会议并从中受益,同时提高开会效率,就要掌握 3 个要领:

    - 提前设定议程;
    - 不要在开会时处理多项任务;
    - 不要邀请那些在会议中没有特定角色的人参加。

3. 对待线上会议要格外谨慎,要确保所有人都能有效参与。

BRINGING UP THE BOSS
像高效管理者一样思考

如何让团队成为有生命力的共同体

我们已经探讨了如何招聘合适的团队成员，如何带领他们应对变化，以及如何奠定高效能团队的基石；我们也谈到了确保团队成员话语权的重要性，个人情绪会如何影响团队，以及团队成员发生冲突时应该如何应对。现在，我要把最后那颗樱桃放在圣代冰淇淋上面：关于打造一支优秀的团队、一个优秀的共同体，我们还应该知道些什么？

主人翁精神，同理心，全局观，好奇心，效率，以客户为中心，管理意识，正直，激情，协同，善意，高效的执行力，责任心，勇气，团队协作，诚实，尊敬，谦虚……你还可以加上所有你能想到的关于优秀团队的词。

很多初创公司喜欢花费大量时间探讨企业文化。很多公司也会制定一套关于文化价值观的文案，并将其张贴在公司各处；会针对企业文化问题单独开会讨论；会在面试时根据企业文化提出一系列问题，还会告诉每个求职者，这是公司引以为傲的竞争优势。但是在团队的日常管理中，很多人会觉得企业文化就是空话。团队成员很难看到个人会如何影响企业文化，或者在实际工作中如何践行企业文化。甚至随着公司规模的扩大，每个团队都会有自己独特的文化。而公司反复强调的那些企业文化，会在某个时刻让员工陷入困惑，而无法厘清背后的真实原因。

企业文化之所以重要，是因为它既含蓄又明确地指导着员工在组织中的行为。然而，如果你管理团队时过于重视企业文化，就会本末倒置。关于如何管理一支优秀的团队，我想告诉你的最后一点就是：**不要专注于企业文化的建设，而要专注于打造一个优秀的共同体。**

这个建议似乎与许多关于企业文化的说法是矛盾的，但我并不是让管理者忘掉企业文化，而是提醒管理者更应该把重点放在团队管理的基础建设上，让团队更具包容性、更强大，而管理者的视野才可以更开阔。

共同体是具有生命力的，每个人都是其中的一部分，并为其成长贡献自己的价值。在一个真正的共同体里，每个人都有自己的位置，没有人受到排斥。这就是共同体的意义，它将一群有着共同目标和愿景的人聚在一起，每个人都有发言权。

请回想一下你加入过的最佳共同体，也许是大学时的球队、教会、垒球联盟、社区或者校友会。成为优秀共同体中的一员，你会有一种强烈的归属感，你会非常关心共同体的其他成员，还会有一套明确的价值观。同时，你也会回馈你所在的共同体，关注它的发展。你会理解和遵守它的文化，更会为自己是其中的一员感到欣喜和自豪。企业文化会指导你行动，但一个真正优秀的共同体会让你产生觉知。

如何为团队成员建立一个共同体？

1. 在关于价值观、行为规范等问题的讨论中，尝试用"共同体"一词取代"文化"一词。例如，你可以思考以下问题：

- 我们希望共同体是什么样子的？
- 我们看重共同体的哪些方面？
- 哪些行为可以帮助共同体繁荣发展？

新成员入职是一个很好的应用场景。正如我们在第 16 章提到的那样，前后连贯、结构清晰的入职流程对新成员来说至关重要。在他们无法快速融入新的共同体时，要让他们觉得自己受到了真诚的欢迎。如何才能达到这个效果呢？（提示：请参考之前提到过的流程，然后看看自己可以添加些什么。）

2. 积极、迅速地让团队成员参与共同体的建设。共同体归全体成员共有，你要和团队成员多做沟通，询问他们的意见。同时你也要授权，让他们对建设组织有一定的自主性。

3. 在实施各项计划或者流程时，问问自己：这对我们的共同体是否有益？这项倡议会给共同体带来积极还是消极的影响呢？

人类的天性之一就是渴望与他人建立联系，但我们很难找到真正的归属感。大多数人通常会在职场体会到自己是组织的一部分。经常有人说，他们留在一个共同体中是因为热爱组织的文化。但其实他们真正热爱的是共同体里的人。当我们感觉自己与共同体中的其他人难以联系在一起时，就会选择离开。所以，优秀的管理者不仅要关注文化建设，更要关注共同体建设。

BRINGING UP THE BOSS

Practical Lessons For New Managers

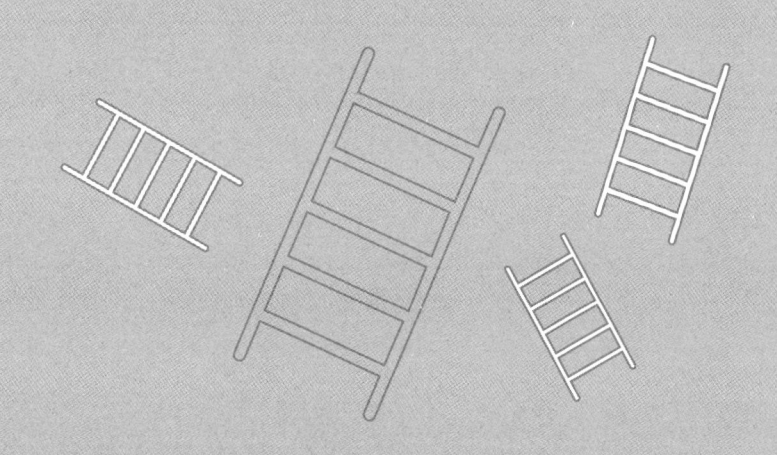

第三部分
管理自我必须做的4件事

BRINGING UP THE BOSS
Practical Lessons For New Managers

第 6 篇

如何快速胜任管理者角色

BRINGING
UP
THE
BOSS

导读

多年前，我的团队里有一个可爱的小姑娘，名叫欣雨。她刚大学毕业，这是她的第一份工作。一天下午，我和她在去喝咖啡的路上遇到了她的好朋友。欣雨向她的朋友介绍我时说道："这是我的老板。"当时的我环顾四周，愣了几秒钟后才回过神来："我已经是别人的老板了。"

不知为什么，这件事到现在我还记忆犹新。也许因为她使用了"老板"这个词，她认为我不是一个有时间带带她的同伴，而是一个真正的领导。虽然她把我当成老板，但我还没把自己当老板。我的大脑一时也不知道该如何处理这些矛盾的信息。

有一位老板对我说过，从执行层到管理层的转变意味着从"完成任务"转变为"确保任务完成"，你会意识到自己的角色和职业生涯已经开始发生转变。这句话看似简单，但含义深刻。**成为一名管理者以后，不仅你的**

工作方式会发生根本性的变化，其他人对你的看法也会发生根本性的变化。然而，转变身份没有这么简单，部分原因是你自己或许也没有做好心理准备。

作为一名管理者，你或许会有这样的经历：你觉得周围的同事都不太喜欢你（他们甚至讨厌你）。在做出决策或采取行动时，你不得不面对团队成员的异议。有时你觉得非常孤独，自己在团队中变成了格格不入的存在。有时你会觉得非常尴尬，难以适应当下的角色。

作为管理者，你一定也会犯错，这些错误带来的后果会比你之前犯过的错严重得多。你可能会雇用不合适的人，说错话，对项目管理不善，事必躬亲，错误地处理一名员工的离职问题……有时你会觉得自己就像个骗子，根本不应该占据管理者的岗位。你会担心团队成员也这么想，自己管理能力欠缺的现实会暴露在办公室刺眼的灯光之下。

本书的最后一部分将会探讨"自我管理"这个话题，也就是作为管理者的你应该如何管理好自己的心态，像一个管理者那样说话办事。这一部分将会探讨管理者如何使用手中刚拥有的权力，如何管理之前是朋友关系的下属，如何管理自己职业生涯中的决策，以及如何向上管理。

要成为一名优秀的管理者，为自己的团队成员创造最好的体验，这是一件任重而道远的事。而你已经往这个方向坚定不移地走过去了，我毫不怀疑这一点，也请你自己相信这一点。正如奥巴马在 2016 年的一次演讲中所说："你必须对自己有信心，你必须成为自己的头号粉丝。"

所以，自我管理的第一课就是：相信你正在管理的团队，相信自己能坐上管理者的位置一定是有原因的，做你自己的头号粉丝。

BRINGING UP
THE BOSS
Practical Lessons For New Managers

22
向上展现自信，向下暴露弱点

在写这本书的过程中，我收到了很多人发来的管理方面的文章、案例，以及网络视频。我还向很多管理者征集管理建议，向他们请教管理智慧，并且问了一个很刁钻的问题："如果你的管理经验只能总结成一句话，那么这句话是什么？"我收集到了很多答案，比如："多赞美，多承担""无论你的知识多么渊博，人们都只关心你是否真的关心他们""人们会忘记你说了什么，做了什么，但永远不会忘记你带给他们的感觉""在团队会议上站起来之前，不要忘了检查裤子拉链"。大多数类似的答案你可能已经在很多平台或者书中看过无数次了，甚至有的话已经被当作金句用烂了。

这些年，我一直没有忘记我的好朋友泰勒给我的一条管理建议：向上展现自信心，向下暴露弱点。我喜欢这条建议，因为它言简意赅地总结了管理者需要记住的多个要点。对新任管理者来说，它会让人觉得有点违反直觉。这条建议强调了向上管理的重要性，即管理者应当如何与上司沟通的重要性。在第24章中，我将会深入探讨这一点。在这里可以先剧透一下：做好向上管理的前提是，你需要对自己执行工作、管理团队的能力表现出信心，并成为上司思想上的合作伙伴。你通过与上司建立关系来展示自信，预测他们的要求，在他们提出要求之前就能做到他们想做的事情，这就是自信的表现。

"向下暴露弱点"是什么意思呢？为什么要在下属面前暴露脆弱的一面，尤其是当你的团队成员都知道你是管理新手的时候？难道这样不会让他们更加瞧不起你吗？不应该是对他们展现出更多自信心才更好吗？

你要明白两件事。第一，谎言很容易被识破，如果下属看出你不懂装懂，或者看出你在硬撑，那么效果往往会适得其反。**人们希望自己的领导是有明确方向的，同时也明白自己的短板，在必要时能寻求帮助并愿意听取他人的意见。**过度展示自信的一面会让你显得像一个独裁者，而独裁者最终都会被推翻。

第二，暴露弱点是向下管理的关键，因为暴露弱点更容易让人与人之间建立信任。暴露弱点让你表现出一种开放性的心态，迎接所有不确定的答案；展现出你是有缺陷的，并且正在努力克服；分享你对某件事的困惑甚至焦虑。只要建立信任关系，良好的沟通就会随之而来，不必要的冲突也会因此减少。信任让我们觉得自己与团队是紧密相连的，让我们觉得团队中允许尝试和冒险，并鼓励我们产出更好的成果，让我们拥有强大的心理安全感，我们的工作更高效。

也许你并不认同我的观点。暴露弱点是当今生活和管理中的热门话题。许多演讲家、学者和心理治疗师都会称赞它的优点。但大量的调研表明，人们之前忽略了很重要的一点：很多新任管理者分不清"弱点"和"无能"的区别。有些管理者努力想暴露出自己的弱点，但团队成员看到的却是他们无能的一面。所以，弱点一定要建立在有能力的基础上。那么，无能和弱点有什么区别呢？让我们通过几个虚构场景了解一下。

场景1：克里斯蒂娜是一位管理者。公司让她给全体员工做一次演讲，形式可以参考 TED 演讲。我们讨论了如何为这次演讲做准备，并认为向她团队中的 8 个成员暴露弱点是一个好办法。她为演讲做了充分的准备，我对她的能力毫不怀疑，因为她在该领域的表现一向出色。那么，她该如何与团队成员讨论这次演讲呢？

- 选项1："我可能要搞砸这次演讲了！我根本没有准备好！"
- 选项2："尽管已经有过很多演讲经验，但每次公开演讲依旧让我觉得非常紧张。为了做好准备，我仍然要记住每一次重要演讲的内容。"

很多人可能都会不自觉地说出与选项 1 类似的话，比如有些人在大学期末考试之前总是会和同学们说"这次完蛋了，我根本没好好学习"。选项 1 传递出的信息是无能（明明不是真的无能，但这种说法的确在展示无能）；选项 2 则是暴露弱点，这会让克里斯蒂娜的团队成员意识到，即使是最优秀的演讲者也会感到紧张。

场景2：另一位管理者法蒂玛，准备与她的团队成员谈谈即将来临的裁员。法蒂玛其实非常害怕，她不知道自己的岗位是否会发生变动，更不用说其他团队成员了。她的团队成员提出了一些他们关切的问题，很多都是目前悬而未决的，但他们希望她能给出答案。那么，法蒂玛应该如何与她的团队成员沟通呢？

- 选项1:"伙计们,我和你们一样十分茫然,也害怕失去工作。可我也不知道将会发生什么。"
- 选项2:"伙计们,我也对我们正在面临的不确定性感到焦虑。在没弄清楚事态发展之前,我可能会做出很糟糕的决定。不过对于你们提出的问题,我会尽快为大家找到答案。"

在选项1中,法蒂玛以为自己正在暴露弱点,并与团队成员建立信任。因为她认为告诉大家自己也可能会失去工作,会引起团队成员的共鸣。但大家会立刻想到,法蒂玛现在只顾着担心自己的工作,根本无暇顾及其他团队成员了。于是团队成员会认为作为管理者的法蒂玛无能,因为她已经无法控制局面了。而选项2不同,法蒂玛既承认了现状中的不确定性,也让团队成员认识到了管理者要面临的挑战。更重要的是,她与团队成员分享了接下来的行动计划。

作为管理者,当团队成员问了一个你不知道答案的问题时,要敢于回答:"我不知道,但我接下来可以了解一下。"这才是你应该选择的暴露弱点的方式。你要敢于承认自己也会犯错,并且与团队成员分享自己已经认识到如何做才会更好。你要敢于承认自己正在经历前所未有的状况,并且你也是第一次应对某种挑战,但你愿意尽全力应对。

通常,管理者总要显得无所不知、无所不能。但是,这样做可能反而会带来麻烦,因为管理者不可能无所不知,也不可能成为事事精通的专家。作为一名领导力教练,我在执教生涯中与很多管理者进行过"角色互换"的训练。我们假定管理者正在和员工进行一次关键对话。管理者有时会冒出各种各样的想法:"如果我的员工问了我一个难以回答的问题,我该怎么回答?"员工的问题之所以难以回答,可能是因为它本身就没有明确的答案。管理者总是难以承认,有时说一句"我也不知道"对员工来说就是最好的答案。有时管理者会逃避那些本该与团队成员进行的必要谈话,因为他们很担心员工会问一些自己不知道的问题。管理者永远都不会知道所有问题的答案，要敢于说"我也不知道"。

如果你不屑于暴露弱点，即使犯下错误也不愿承认，那么你会造成更多负面影响：你在下属眼里会逐渐变成一个难以理喻且自我保护意识极强的人，于是团队成员渐渐不敢和你说话，他们在尽量避免伤害到你的情感，或提出一些反对意见。既然你自己都不愿承认自己犯错了，那么他们为什么要指出来？你自我防御和不承认错误的行为成功打造了一支没有战斗力且缺乏包容性的团队。[1] 所以，管理者要学会暴露弱点。

无论是在个人生活中还是在职场中，我们都很难暴露弱点。这样做需要极大的勇气，但这样做也会带来意想不到的价值。在第 11 章，我分享过自己的一段教学经历，其实我那时的行为就是在暴露弱点。还记得这个故事吗？许多年前，我给一个有 30 人左右的研究生班级上课，全班同学进行了激烈的讨论，其中一些学生非常勇敢地分享了自己的人生经历。以前作为一名老师，我总是扮演一个引导者的角色，鼓励大家发言，而自己置身事外。但出于某种原因，一名学生的经历让我深受感染。我忍不住说出了自己的故事，然后哭了起来。一位年轻的女教师，当着这么多学生的面哭泣，这可真是"暴露弱点"啊！

我以为自己这一学期辛辛苦苦想要建立的庄重教师形象荡然无存，我想建立的融洽班级氛围也要成为泡影了。然而结果恰恰相反，同学们在此后走得更近了，我与同学们之间的联系也更加密切，我们之间的信任达到了从未有过的

---

[1]《消除种族主义手册》（*Dismantling Racism*）指出：对掌权者的批评如果被视为威胁和不恰当（或粗鲁）的，就容易使他们产生防御心理；当人们以防御心理对待新的创意时，就会扼制创意的产生。所以，人们在组织中的大部分精力都花在了确保感情不受伤害、避开那些防御性较强的人这两件事上。此时，防御性较强的掌权者便创造了一种具有压迫性的文化氛围。此外，文化压迫的另一个特征是"获得安慰的权力"：人们认为掌权的人应该被迁就，有资格获得情感和心理上的认同（逻辑等理性要素可以暂且不提）。

高度。在我暴露弱点之后，学生并没有质疑我的教学能力。相反，在看到一个真实的我之后，从前存在的分歧也逐渐消失。而且，和我在学生面前做过的其他"离谱"事相比，当众哭泣已经不算什么了。

总而言之，想要成为一名优秀的管理者，就要向上展现自信心，向下暴露弱点。

BRINGING UP THE BOSS
新任管理者快速成长清单

1. 要想做好向上管理，就要对自己执行工作、管理团队的能力表现出信心，并成为老板思想上的合作伙伴。

2. 向下管理的关键是暴露弱点，因为弱点更容易让人与人之间建立信任。

3. 暴露弱点的关键是，要分清"弱点"和"无能"的区别。

BRINGING UP
THE BOSS
Practical Lessons For New Managers

23
手握权力的同时，也要秉持同理心

故事是这样的：周四晚上，你和关系要好的同事相约出去喝一杯，放松一下心情。你们聊起了现在的工作、周末的徒步旅行，也许还有一些办公室八卦。在初创公司工作是非常消耗精力的一件事，但每当一天的工作结束时，你都会感到幸运，因为你和一群自己很欣赏的人在一起工作。他们不仅是同事，更是朋友。

没想到周五的早上，公司宣告新一轮的晋升名单，你就是其中一个。你还没高兴多久，让你有些尴尬的事情发生了：昨晚和你一起喝酒，并且在过去几年里一直听你吐槽工作、分享欢笑和泪水的好同事，今天变成了你的下属。

作为一名管理者，你会经历很多这样的尴尬时刻。有时你给出了很多颇具建设性的反馈，但是你的下属们就是不喜欢；你需要解雇一名大家都很喜欢但业绩不佳的员工，这会让你更加难以服众。作为一名管理者，你会发现自己需要应对很多尴尬的情况。对新任管理者来说，最尴尬的情况之一就是"朋友成了下属"：在极端情况下，你甚至要管理和你同期进入公司、年龄相当的好友。除却这些极端情况，你也非常有可能管理从前关系要好的同事。你突然掌握了比关系亲密的同事更多的权力，甚至可以决定他的去留，这会让你一时难以适应。

朋友变成下属之后，通常会发生些什么？我可以分享两点经验给你：

1. 你会变得非常专横、官方，总是一副守口如瓶、公事公办的样子。你在成为一个独裁管理者的道路上越走越远，不再回头。
2. 你会对这位好朋友和好同事更加尊重。你不想因为自己成为管理者而伤害到彼此的友谊，你也从不因为你们的关系而向他提出要求。

"朋友"和"管理者"不是两个互相排斥的身份。但是，想要处理好二者之间的关系，你确实需要对自己有深刻的了解，还需要秉持同理心并保持自律。

让我们先来谈谈成为管理者后会发生什么改变。成为一名管理者，就会获得更多权力。你获得了明确的权力来做出某些决定，以特定的方式组织团队成员工作，并且影响团队的运营模式。同时，作为一名管理者，你还获得了隐性权力。团队成员可能会因为你的职位而对你言听计从，遇到困惑时也会先向你寻求答案和指导。

你可能会问：管理者获得更多权力又怎样呢？这和管理朋友又有什么关系呢？这非常重要，因为手握权力之后，你的行为方式可能会改变，日渐远离成为一名优秀管理者的轨道。不管你承认与否，权力很容易腐蚀一个人的心性。当你成为好朋友的管理者时，他们多少会有所担心，而这份担心是非常合理的。

你必须了解手握权力会给你带来哪些负面影响，这样你才能有意识地抵制它们（见图23-1）。

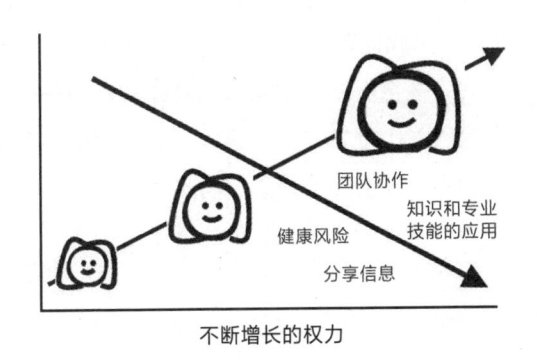

图 23-1　权力的影响

以下是你"掌权"之后会发生的一些事情：

- 保护权力。当你掌权之后，你会自然而然地想要继续掌权，因此你会做出种种保护自己利益的举动（而不是授权给下属）。①
- 你更有可能听取那些与你相似的团队成员而不一定是拥有专业知识或相关经验的团队成员的信息和意见。换句话说，当你变得更有权势时，你会更喜欢那些外表和行为都像你的人！
- 你受到的约束越来越少，拥有了更多"随心所欲"的机会。
- 当你的团队成员体会到了较大的权力差异时，他们可能会不太愿意

---

① 长期以来，社会学家、政治学家和心理学家一直在研究这种竭力维护权力的现象，这为消除种族主义和不公正的制度、建立反压迫的组织文化奠定了基础。

冒险发言，这也会降低整个团队的心理安全感。

所以，当好朋友变成下属之后，你首先要意识到的是：由于手握权力，所以你可能看起来会像变了一个人一样。这一点是非常值得注意的。

人在掌权之后确实会表现得不太一样。但是朋友变成下属后，管理者还会面临其他挑战。心理学家埃莉诺·阿米特（Elinor Amit）和约舒亚·格林纳（Joshua Greene）发现，当我们在社交上与某人亲近时，我们在做出决策的过程中可能会不那么客观，甚至有些情绪化。这意味着，当你的好朋友变成下属后，你很有可能会在决策时把理性抛到一边，忽略数据等客观现实。从前那个逻辑清晰、头脑冷静的你可能会完全消失。将这些和上述掌权之后的变化结合起来，你的朋友在你成为管理者之后疏远你也就不足为奇了。

当你的好同事、好朋友变成你的下属后，这里有一些技巧可以帮助你建立"管理者＋朋友"的良性关系。

承认自己有一些尴尬。晋升之后，先找那些成为你下属的朋友谈谈，承认自己现在的位置有些尴尬，但你相信你们可以共同努力，让事情变得更好。将自己的感受直接说出口，再问问朋友们的真实想法。过一段时间再进行一次类似的谈话。

不要忘记设定岗位期待。在你承认这种尴尬之后，要与他们共同制定一套处理管理者和团队成员之间关系的规范。你要对接下来你们之间的合作和沟通提前设定期待。虽然所有管理者都应该提前对成员设定好岗位期待，但此时这一点显得尤其重要，因为你正处于一种更复杂的关系中。

记住自己管理者的角色。管理者的职责不是告诉人们应该做什么，而是要通过激励、沟通、协调工作等方式让员工实现自我发展。你可以把团队成员视作合作伙伴，而不是执行你命令的人。经常问问团队成员："需要我做些什么？"想办法让包括你的朋友在内的所有团队成员工作更顺畅。现在你有了更多权力，意味着你能够为他们提供更多帮助了。

相信自己能坐上管理者的位置是有原因的，同时也别忘了暴露弱点。 当你的朋友变成下属之后，会很容易引发你的"冒充者综合征"①。你尚未准备好成为一名管理者，而你的朋友对你的工作状态一清二楚，这会让你感到非常焦虑，特别害怕被朋友看穿。但是你不应该自我怀疑，而要肯定上级让你成为管理者的决定。同时你也要和朋友敞开心扉，告诉他们你还有很多东西是需要学习的，但你会为此而努力。

不要害怕给朋友建设性的反馈，但不要涉及个人因素。 你要经常给朋友建设性的反馈，同时要鼓励他对你也这么做。要把给出反馈当成日常工作的一部分，而不要出自私人情感，越早养成这种习惯，效果越好。如果等到工作让你们陷入沮丧时才给出反馈，情况会变得更糟，你们会更情绪化，你们的关系也会受到更大的伤害。

说话要谨慎。 当你成为朋友的管理者时，说话更要小心一些，不要在交流时制造隔阂。比如，不要在提到公司高层时使用"我们"这个称呼（例如，"我们认为你6个月以后就可以迎来晋升了"）。类似的称呼会让你的朋友意识到你们已经处于不同等级了，这会显得你很没有人情味，也会让朋友觉得自己被你的圈子排斥了。语言的选择非常重要。

归根结底，同理心、耐心、利他（帮助他人争取好的资源）、真诚且善良，这些好朋友该有的品质，一名优秀的管理者也应当具备。

---

① 冒充者综合征，又称自我能力否定倾向，是指个体按照客观标准被评价为已经获得了成功或取得了成就，但是本人却认为这是不可能的，自己没有能力成功，感觉是在欺骗他人，并害怕被他人发现此欺骗行为的一种现象。——编者注

BRINGING UP THE BOSS

新任管理者快速成长清单

1. 不要只偏爱那些和你相似的人的意见,而忽略那些资历较深或者知识最渊博的人。

2. 不要过度保护手中的权力,否则团队成员反而不愿意承担风险或者与你分享信息。

3. "朋友"和"管理者"不是两个互相排斥的身份,但要处理好二者之间的关系,就要在手握权力的同时,秉持同理心。

BRINGING UP THE BOSS
Practical Lessons For New Managers

24
做好向上管理

先从一个小故事开始说起。我在上一家初创公司工作时，每周二上午 9 点，都要向老板萨米娅汇报工作。所以每周一晚上我都会面临 5 个选择，我要从中挑出一个来应对第二天早上那个该死的周会。

选择 1：（选中的概率有 40%）取消第二天早上的会议，给她发一条消息："目前没什么新鲜事，我们不如下周再聊吧！"

选择 2：这其实是选择 1 的一种变体。我会在不提前通知她的情况下临时取消会议，并且希望萨米娅在百忙之中忘记这个会议的存在。这种情况简直过于理想，所以需要小心谨慎。

选择 3：我需要在周一晚上好好筹谋一番。我会想办法从目前的工作中找出一个"危机"，然后在开会时寻求萨米娅的建议。这样做的好处是，可以让领导觉得自己很聪明、很有价值，也能掩盖我和她确实无话可说的事实。所以选择 3 是第二个最常用选项，每隔一段时间我都会和领导发起一次"有趣"的谈话。

选择 4：这目前看来最有趣的"八卦选项"，只不过也有一些风险。我会在会议刚一开始就和萨米娅闲聊，聊她最近的约会、新养的狗、周末去哪儿玩等。如果实在聊不下去，我会再次切换到另一个八卦："你听说过那谁的事情吗？"我希望她会上钩，开始喋喋不休地谈起自己最近的约会，要么就是和我一起八卦另一位同事，直到会议结束。

选择 5：我准时参会，会议的主题由萨米娅发起，让她来决定和我聊些什么。这是我最希望出现的情况。

做好向上管理是一名优秀管理者的基本功之一，但这个基本功往往被我们忽视。上面提到的管理层周会（也称"一对一谈话""签到"，以及其他含糊不清又令人焦虑的术语）往往会让我们面临很多挑战：你不知道该如何利用上司的资源，你不知道是否应该引领自己与上司之间的互动，你不知道会不会在过程中暴露自己的缺点，你甚至不知道上司希望你做什么。

你可能会问：为什么向上管理是管理者的基本功之一呢？作为一名管理者，你要对你的上司负责，如果你们之间关系不和、信息沟通不畅，会对你的团队造成巨大损害。试想一下，你是否有过自己不情愿但是不得不让团队成员完成上司指令的时候？或者，对于影响团队成员的决策，除了"上司让我这么做，我也没办法"之外，你是否还有其他更合理的解释？如果你不能有效地向上管理，你就有可能在团队成员眼中失去权威。当你做不好向上管理时，你也不可能管理好自己的团队。

现在让我们来聊聊，向上管理的难点有哪些。

向上管理的两大难点

认知负荷与聚光灯效应的冲突

认知负荷是关于人类如何处理和储存信息的理论。大脑需要处理和存储的信息越多，认知负荷就越大。当认知负荷增加时，一个人的短期记忆能力会被削弱。这种现象在生活中很常见：当工作中的琐事堆积如山时，你的记忆力会变差。比如某一天你忙得不可开交，晚上到家门口时才发现不知道把钥匙放哪儿了。首席执行官通常每天会收到大约 300 封电子邮件，需要做出各种决策，认知负荷非常高，他的短期记忆也会受到影响。

聚光灯效应是一个有点"打击士气"的心理学理论（尤其是对于独生子女来说），它是一个关于自我中心主义的理论。我们总认为自己的行为正在受到别人的关注或审视，实际上我们可能想多了，其实大家关注自己会更多，并且也在思考别人正在关注自己的一举一动。因此，我们会以自己的工作为中心，从自己的角度出发不断思考。上司看待我们的工作时往往采用的是另一个视角，于是他们和我们之间就很容易产生分歧。

简而言之，我们的上司很难同时处理多项事务，尤其是需要短期工作记忆的内容。我们总是高估自己在别人眼里的重要性，我们认为上司总是在盯着我们，并且非常关注我们的项目进度。但事实是，上司不仅不可能一直盯着我们，而且他们自己也会精神崩溃，甚至忘记我们的工作内容是什么（见图 24-1）。

专家拐点

你的第一位上司很可能比你懂得更多，比你更了解该如何做好工作、做好公司的产品，也更了解你们所处的领域和行业。你会向他寻求建议，因为你认为他是专家，而你不是。所以各位新任管理者不妨大胆猜测一下：你们的团队成员也是这样看待你的。你能够晋升至管理岗位，就是因为你是目前这份工作的专家。因为你很擅长市场营销，所以你管理了一个专门负责营销的团队；你是一位高级建模师，所以你现在带着一群下属一起建模。你的团队成员现在也开始向你寻求建议，因为他们认为你比他们懂得更多。

我太重要了！
老板一直在盯着我的工作。

我有一大堆事情要做，有9个人要管。你是做什么的来着？

你　　　　你的老板

图 24-1　当聚光灯效应遇到认知负荷时

但是总有一天，你会比你的上司更了解你所在的职能领域，这就是我所说的"专家拐点"（见图 24-2）。当你比自己的上司更专业时，就会迎来职业生涯中的专家拐点。想想看：公司的首席运营官一定不是最懂法务、财务或行政流程的人，但公司里最懂这些事务的人往往都要向首席运营官汇报工作。法务副总裁当然比首席运营官更了解法律，但首席运营官仍然管理着法务副总裁。

向上管理的要点是，你要察觉并接受自己到了管理者的专家拐点。你要换个角度来应对与上司之间的沟通或者工作会议。现在你不能再指望上司给你答案，而是要让上司为你介绍其他可能解决问题的资源和人脉，也要考虑你正在处理的问题是否和上司工作范围内的优先级一致。上司会成为你思想上的伙伴，但他不可能给出所有问题的答案。你有责任成为专家，并且确保你的上司可以获取完成工作所需的所有信息（同时不要给他们过重的认知负荷）。

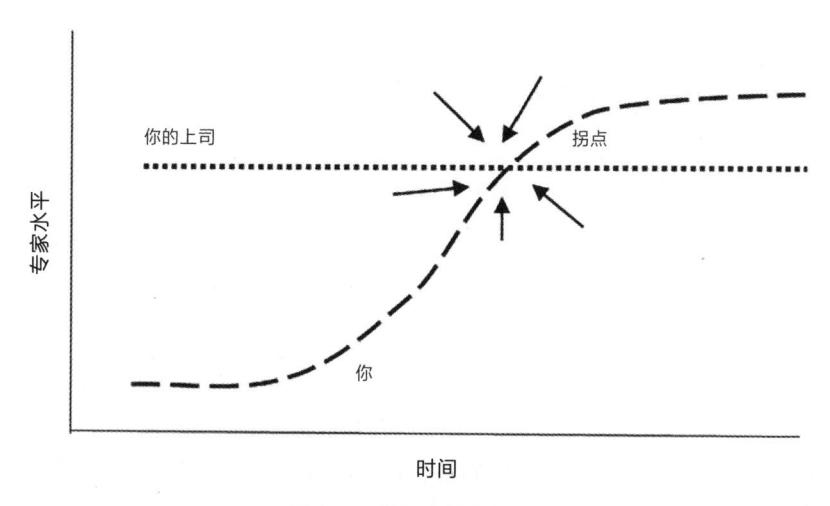

图 24-2　管理者的专家拐点

为了做好向上管理，你需要先了解认知负荷与聚光灯效应的冲突，也要懂得专家拐点的概念。那么，如何做好向上管理？

向上管理的两大重点

一是掌握关系的主动权。你与上司各方面的关系都应该由你来把控。

在战术层面：每次与上司开会都要带着议程，最好把议程提前发送给他。你要掌握会议主题并且主动推进会议，告诉上司你的需求是什么（比如获得一些建设性反馈），反复沟通工作进度、交付成果的时间安排等，永远不要等上司问你时才说。

在战略层面（也就是思想层面）：尝试预测上司的需求，尽可能让他在不同方案中做出选择,而不是等着他给出一个答案。每个他都希望自己与下属进行这样的对话:"领导,我遇到了一个问题,现在有 3 个解决方案。您看哪个比较可行呢?"

二是理解并适应上司的风格,成就你的上司。

首先,了解上司的需求,致力于成就上司的成功。你和上司在同一个团队工作,你也应该让其他团队成员意识到这一点。始终支持你的上司,给他提供开放性和建设性的反馈,了解他在成功路上还需要哪些助力。

其次,想办法与上司形成互补,而不是与上司保持相同的行事风格。更不要奢望上司会适应你的工作风格,这是非常糟糕的想法。你在职业生涯中会遇到不同的上司,因此,学会如何调整自己的技能和工作风格,与上司形成互补,是你需要培养的能力之一。

再次,假如你的上司逻辑混乱,经常计划不周,那么与其花费时间抱怨他,不如想想自己能做些什么让情况有所好转。

最后,那些与你性格差异较大的上司反而会让你受益匪浅。一开始,你可能会觉得遇到一个工作思路和方法和自己完全不同的上司简直让人沮丧,甚至会迷失方向。但是当你转变思路,尝试着和上司形成互补时,就有可能获得难以置信的进步。

所以,想要成为一名优秀的管理者,就必须做好向上管理。而要做到这一点,你必须积极主动,引领两人的关系,减轻上司的认知负荷。同时,你也要学会和上司形成互补。如果你能做好向上管理,你也会成为下属的榜样,你的认知负荷也会随着团队成员的进步而降低,也不会再有人想尽办法要逃开你的一对一会议了。

BRINGING UP THE BOSS

新任管理者快速成长清单

1. 只有做好向上管理，才能管理好团队。

2. 要做好向上管理，就要做到 3 件事：

   - 避免以自我为中心；
   - 减轻上司的认知负荷；
   - 察觉并接受你的专家拐点，从专业角度给出信息或方案，帮助老板做出决策。

3. 向上管理的两大重点：

   - 充分掌握主动权，在战术和战略层面引导你与上司的沟通；
   - 努力与上司形成互补。

BRINGING UP
THE BOSS
Practical Lessons For New Managers

25
自我审视,该走还是该留

到这里,我们的管理之旅即将迎来尾声。就像所有美好的旅程一样,在某个时刻我们会走到一个分岔路口,不得不做出一个选择,并承担这个选择带来的一切后果。在读完这本书后,如果你愿意好好践行其中的管理方法,那么你会成为一名深受团队成员爱戴的优秀管理者。这样的你必然会引起其他公司的关注,总有一天他们会向你抛出橄榄枝。这时你就需要考虑:自己该留在原地,还是踏上另一条新的征程?

我曾经被一个猎头引荐到一家发展迅速、资金充足的初创公司,这个机会看起来如此诱人,错过一定会后悔。但我纠结的是,当前的职位我已经做得如鱼得水，不太想离开。① 那时我的老板名叫戴安娜，是一位经验丰富的首席执行官。当我提到自己正在考虑跳槽时，她泰然自若地接受了这个消息。于是我和她谈起了目前两难的局面，不知道自己是否应该离开，而她给出了令人难以置信的建议。

戴安娜告诉我，得到工作邀请的美妙之处在于，它迫使你后退一步，开始思考3种不同的情形：

1. 我很喜欢现在的角色，但其中有一些事情需要我做出改变，这样我才能在这条路上长远地走下去。
2. 新的机会正合我意，我一定要去试试。
3. 这份工作不是我想要的，它让我意识到自己的心已经不在现在这家公司了。是时候去别的地方看看了。

戴安娜不仅让我学会了如何以优雅和慷慨的态度应对一个想要跳槽的下属，还教会了我如何利用离职这个转折点来审视自己当前的状态，做好自我管理。

我承认，我是一个容易被取悦的人。在收到一份工作邀请时，我的态度正好说明了这一点。所以尽管戴安娜的建议非常全面，但选项3是被我最先排除的。从长远来看，我目前的角色并不适合我（选项1），而新的机会对目前的我来说是不应该错过的（选项2）。所以一切变得清晰起来，我已经确定自己想要什么，时间规划也非常明确。我正在从一个特定的角色（我目前的岗位）走向一个新的角色（跳槽的机会）。选项3完全不在考虑范围内。

---

① 请注意，所有试图招聘你的初创公司都会声称它们正在"快速扩张"并且"资金充足"，然而事实可能并非如此，你需要调查。

然而过后回看，其实选项 3 才是我应该好好考虑的。但为什么我会先排除它呢？还记得第 13 章中探讨的"现状偏见"吗？人们总是想尽可能待在自己熟知的领域里，倾向于保持现状，这是一种与生俱来的天性。所以，虽然我们都知道跳槽是再正常不过的事情，但很少有人会直接考虑选项 2。至于为什么选项 3 会最先被排除，这就不得不提到"路灯效应"（俗称"醉汉搜索原则"）。路灯效应也是一种认知偏见，它指的是人们总是会优先搜索那些容易得到结果的地方。比如，当你丢了钥匙以后，你会先跑去明亮的路灯下面寻找，而不会到那些可能是真正丢失地点的黑暗街道中摸索。

路灯效应对求职的影响如图 25-1 所示。选项 1 和选项 2 就在路灯下，而选项 3 则处于黑暗的街道之中，虽然那里可能充满彩虹、蝴蝶和独角兽，但很少有人鼓起勇气踏入其中。

图 25-1 路灯效应

在评估工作机会时，你如何让自己主动考虑选项 3 的可能性呢？当你忙于当前岗位的日常工作，没有足够的心理空间来主动探寻新的机会时，应该如何对待选项 3 呢？

评估选项 3 的功夫在平时，在你每一天的工作和生活之中。选项 3 的奇妙之处在于，当你不寻找时，它反而会悄悄地向你靠近。而当你真的面临工作困境时，反而没有精力积极主动地探寻机会。所以我建议你把大任务拆分成一个个小步骤，然后按部就班地执行。当你有一天真的厌倦了当前的工作时，平时的积累会让你顺滑过渡，让你的跳槽过程变得更加愉快。

有一首歌的歌词是这样唱的："我应该留下，还是离开？"但第二段的歌词变成了："我应该留下，还是现在就走？"下面有一个自我审视清单，可以帮助你评估下一个角色需要何种能力，或者你是否已经准备好面对下一个角色。或许对你来说，第二段的歌词可能是："我应该等一等再走。"

明确自己的意向

每一堂瑜伽课开始的时候，教练都会让我们花几秒钟时间思考自己的意向：我为什么来上这堂瑜伽课？我希望完成什么目标？这是一个很好的练习，它可以让我们有一点思考的空间，而不是匆匆忙忙地去做下一件事。

在决定跳槽之前，你也可以为自己设定一个求职意向，明确自己希望在职业生涯的下一步达成哪些目标。试着用几句话写出你为什么想要换一份工作。比如：现在的工作缺了点什么？你希望实现什么？在下一个角色中你希望获得什么？

从各个维度审视一份工作

工作就像我们的生活伴侣一样，我们常常对它通融与妥协。然而，我们很少会考虑到一份工作的方方面面，也很少考虑在职业生涯的每一步，至关重要的是什么。

逐步了解一份工作的各个维度，如你的角色、公司或行业前景、生活需求,并写下你在每个维度上想要什么。有些维度无关紧要,但有些需要你认真考虑,例如,你不在乎自己从事的是医疗行业还是教育行业,但你希望自己在一家小公司工作。当你审视完各个维度之后,选出那些在下一份工作中必须具备的维度。附录中有一个模板可以帮助你完成这项练习。

列一份嫉妒名单

不要误会,我对自己身为一名作家、领导力教练和董事会顾问的"斜杠"身份非常满意。但是,我有一个特别让人嫉妒的朋友,她所在的公司简直棒极了,她带领的团队表现优异。她的公司除了有着让人羡慕的薪酬之外,甚至有"旅行津贴"这种福利。我发现,分析一下为什么我会嫉妒她现在的工作,以及我可以在现在或将来的工作中加入哪些需求,对我很有帮助。

在嫉妒名单中,列出5个关键人物。如果可能,你可以请他们喝杯咖啡,借此机会多了解一些他们工作上的事。比如,他们最喜欢做的工作是什么,不喜欢的部分又是什么。

开启"电梯里的即兴演讲"

整理一下你从嫉妒名单和各维度工作审视表中提炼的信息,尝试描述一下自己理想中的工作是什么样的,然后把它提炼成一段言简意赅的话,让你可以随时分享给其他人,比如在电梯里的短暂相遇(日后有机会时,你可以描述得更详细一些,但这段话必须简洁)。举个例子:"我希望在奥斯汀地区找一家规模较小的金融科技初创公司,担任与运营相关的管理工作,我希望公司已经经过A轮或B轮融资。我可以利用过去在财务、运营、法务和人力资源方面的经验,在组织中发挥自己的价值。"

重视"弱关系"

有研究显示,人们更容易通过弱关系(比如朋友的朋友)找到一份合适的工作。通常,人们会直接向熟悉的亲朋好友求助,询问他们有没有新的工作机会。其实你应该让这些朋友把你的求职信息扩散给他们的朋友,这时候好机会反而会找上门。

具体步骤是:给 15 位熟悉的朋友或同事发消息,告诉他们你正在探寻新的工作机会(这时你的"电梯即兴演讲"就可以派上用场了),并请他们把你的诉求分享给相关领域的 3～4 位朋友。注意:不要问"你认识这方面的人吗",而要直接说"能帮我分享给该领域相关的 3～4 位朋友吗"。

在处理这项任务时要注意一点:每周给自己安排一项小任务。在完成小任务时不要记挂着列表里的下一个待办任务,也不要试图一次性完成所有任务。研究表明,相比那些一接到任务就想马上把它从清单上勾掉的人,很多"拖延症患者"反而能从他们的慢节奏中受益。因为慢慢完成任务可以让人在过程中进行思考和沉淀,甚至会让人以新的视角来看待其他待完成任务。

当然,更新简历、整理求职信、学会与招聘人员沟通等,都是求职的重要组成部分。在做这些事情的同时,你可以对自己目前的岗位进行工作重塑。可能不用跳槽,你就可以找到成长和发展的方向。你还可以借此机会了解外部信息和市场行情,对接下来的职业生涯有一个更全面的规划。当机会找上门时,你能够从容地评估选项 3,敢于探寻黑暗街道中的彩虹、蝴蝶和独角兽。

BRINGING UP THE BOSS

新任管理者快速成长清单

1. 评估工作机会时,不要总是优先考虑那些容易得到结果的地方,要主动探寻新的机会。

2. 要想知道自己是否准备好面对新的工作角色,就要审视自我:

    - 明确自己的意向;
    - 从各个维度审视新的工作机会;
    - 列一份"嫉妒名单",从中了解自己对工作的需求;
    - 开启"电梯里的即兴演讲";
    - 重视弱关系。

BRINGING UP THE BOSS
像高效管理者一样思考

作为管理者，
你应如何看待自己的工作与公司

几年前，我还在做团队负责人时，一位名叫凯瑟琳的团队成员决定离开公司，接受一个令人兴奋的新工作机会。她送给我一张可爱的卡片，感谢我这些年来对她事业的支持。在这张卡片上，凯瑟琳还提到我留给她印象最深的一条建议。我停止阅读，猜测了一下：可能是如何管理复杂组织，或者如何在职业生涯早期进行战略规划，或者如何理智地管理初创公司……没想到以上全错，甚至一点都不沾边。在我给她的所有建议中，凯瑟琳认为对她最有影响力的一条是："不要爱上那些不能给你回报的事。"

在离开我们公司时，凯瑟琳已经经历过很多你可能也会在职场中遇到的困惑。你爱你的公司，为之全力以赴，对自己的角色和公司的文化十分认同。你几乎把全身心倾注在团队成员身上，公司的事情就是你生活中最重要的事情。但结果是，你没有迎来期望中的升职，也没有得到你心中理所应当的加薪。你开始怀疑人生：为什么你如此深爱的事没有给你同等的回报呢？

当凯瑟琳为此痛苦挣扎，考虑是否应该换个工作时，我给了她这条建议。那时她已经成长得非常明显，我们公司的工作已经无法给她带来新的挑战了，这对她的长期发展是不利的。凯瑟琳为此陷入了认知失调：这份工作已经成为她身份的重要组成部分，她是如此热爱并习惯于自己的角色，怎么能说离开就离开呢？

正如最后几章中探讨的那样，自我管理是成为优秀管理者的关键。也别忘了第1章中探讨的"明确岗位期待"，对于这种情况，明确自己对工作的期待对自我管理来说是非常关键的。因此，要成为一名优秀的管理者，要坦诚、坚定、忠诚、勤奋、热爱团队，但不要爱那些不能给你回报的事（见图25-2）。你应该明白自己所在的组织可能会发生变化，也许有一天你会被它甩在身后，也有可能你的能力会凌驾于它。所以，你的公司不可能像你的伴侣、母亲、你的猫或狗那样"爱你"。

图25-2　你应该爱上的和不要爱上的

我相信，作为一名管理者，你一定有过把情感和才智都倾注于繁重工作的经历。因为你要对团队成员的职业生涯发展负责，你的行为直接影响到他们的日常工作与生活。成为管理者也是你做过的最有意义的事情之一。通过帮助团队成员度过职场中的重要时刻，你与他们建立了深厚的情谊。

但你也要在这段管理之旅中保持情绪冷静，拿捏好边界感，否则工作的压力最终会使你不堪重负。是否有一种方法可以让你既能够全身心地投入团队管理中，也能兼顾自己的生活需求与职业生涯规划呢？

想做到这一点，就需要在当前的岗位中不断学习，提高能力，坚持不懈。同时要确保自己有选择权，对外部的新机会保持开放态度。这意味着尽管你热爱和忠诚于自己的团队，但仍然有可能离开这里；也意味着即使某名团队成员非常忠诚、善良，但如果他的业绩不佳，你依然要做出那个你不愿面对的艰难决策；还意味着当那些业绩优异的团队成员选择跳槽时，你要感到欣慰并予以支持。

相信你是一位忠于职守、勤奋工作的管理者。你正在为带好团队全力以赴，全身心地投入管理者的角色和工作中，而你的团队成员也因此受益匪浅。但如果你想在自己的管理之旅中继续砥砺前行，请记住这句忠告：**不要爱上那些不能给你回报的事。**

BRINGING UP
THE BOSS

附录

新任管理者的工具箱

岗位期待设置表

关键问题	更多信息	举例说明
1. 最终目标或阶段性目标是什么？	你为什么需要或想要做这项工作？ 你想通过这项工作实现什么目标？ 它会对团队、项目或客户产生什么影响？	
2. 什么样的结果才能算"好结果"？	判定一次活动成功，或一个工作成果可以交付的标准是什么？ 你是否能具体地描述一个高质量产品的样子？	
3. 多长时间可以完成？	你希望何时看到对方的成果？ 何时见到初稿？ 成果交付给你时处于何种状态（例如可以给客户看／草案完成）？	
4. 有没有什么案例可参考？	分享其他工作成果、信息、内容，为你的员工赋能	

个人发展计划表

1. 一年期目标
你在公司未来一年的职业目标是什么？
到年底前，你希望自己在公司扮演什么角色？你希望同事如何看待你的角色？
2. 三年期（长期）目标
你的长期职业目标什么？
你希望三年之后自己在做什么？
你希望在公司内获得什么头衔/承担什么角色？
你希望在公司以外实现什么目标？

3. 所需能力或技能				
今年你最想培养的三种能力是什么？	为了培养所需能力或技能，你将会开展哪些行动、参与什么培训或项目？（尽可能具体）	你如何衡量自己是否成功获得了这些能力或技能？	有哪些指标或实际的成果可以衡量你的进步？	谁可以为你提供支持？

领导力教练可参考的提问

• 这个项目有哪些令你兴奋之处？	• 导致当前这种情况的原因是什么？
• 面对这种情况，你的直觉告诉了你什么？	• 假如你能挥动一支魔法棒，你希望如何扭转现在的局面？
• 你当下的焦虑与紧张从何而来？	• 你从明天开始会做些什么？
• 你觉得现在的情况怎么样？	• 你如何向自己解释这种情况？如何向朋友解释？
• 你可以通过怎样的方式来了解清楚状况？	• 遇到这种情况，你是否发现了自己平时没有意识到的另一面？
• 你还可以做些什么？	• 将来如果再次遇到类似的情况，你打算如何应对？是否会做点和现在不一样的事？
• 你目前的挑战是什么？或者对你而言最具挑战性的是什么？	• 如果现在什么都不做，可能会面临哪些风险？
• 结果会怎样？	
• 是否还有其他选择有待探索？	• 如果采取行动，可能会面临哪些风险？
• 还有其他可行的方法来解决这个问题吗？	• 不采取行动会怎样？
• 如果可以重来一次，你是否会做出不同的选择？	• 你最关心的是什么？
• 你想通过这次项目或活动获得什么？	• 你最担心的情况是什么？
• 理想的结果是什么？	• 是什么在阻止你采取行动？
• 接下来最好的结果可能是怎样的？	• 你需要哪些信息来做出决策？
• 你到目前为止都尝试过哪些方法？	

注：这些问题改编自《共创式教练》(*Co-Active Coaching Toolkit*)。

绩效改进计划表

团队成员姓名：	直属领导：
职位：	计划开始日期：
本次绩效改进计划持续时长：	
绩效改进计划概述 团队成员在哪些方面没有达到预期？	

待改进领域	举例

关键目标或活动	期望达到的成果	期望完成的时间（在第 X 周进行成果评估）

工作动机调查表

关键问题	举例
你希望收到怎样的反馈？	
你工作的最大动力是什么？或者你职业生涯中最大的动力是什么？	
哪种工作最令你感到兴奋？为什么？	
你在执行哪种特定类型的工作时会遇到困难？为什么？	
关于你喜欢的工作方式，你还有其他可以分享的吗？	

能力矩阵列表

组织应当确定每个职级和岗位的员工关键能力。在列表中增加分栏来反映对应的能力类别（例如客户关系相关技能、职位基本技能）。晋升至新的职级之后，原有的技能仍旧需要发挥作用，新的能力也应该添加其中。

员工职级	岗位描述	职责范围	熟练程度	领导力要求
分析师	调研并分析具体商业问题，包括行业分析和竞品分析	帮助团队明确项目内容和交付成果，积极主动地为团队调研提供支持	具备客户项目的分析能力，具备处理大量数据和操作Excel的能力	参与内部团队活动，积极主动应对日常工作，可以指导新的团队成员或实习生
高级分析师				

面试流程表

制定面试流程的目的是让所有候选人都经历同样的面试过程。以下表格只是一个示例,管理者可以根据实际情况进行调整。

第一步: 初筛	第二步: 现场面试	第三步: 工作能力评估/ 领导力模拟评估	第四步: 发放录用通知& 新员工入职
1. 职位描述 描述该职位和"必须具备"的核心能力	1. 第一轮 初步面试	1. 根据需要与团队成员展开额外的讨论或沟通	1. 协商好录用通知的相关条款后立刻发送给候选人
2. 简历筛选	2. 第二轮 考察职业素养	2. 团队参考 将求职者的资料给2~3位团队成员,看看成员们的意见	2. 发送员工指南,介绍公司政策概况
3. 第一次电话面试 a. 考察候选人的工作意向、背景、是否与该职位匹配 b. 询问候选人对薪资或其他关键因素的期望(例如公司地理位置等),确保在推进后续流程前双方的期望保持一致	3. 第三轮 考察和评估候选人应对工作事项的具体行为	3. 评估: a. 在同一时段对多个候选人进行评估 b. 评估结束后,团队成员立即聚在一起	3. 新员工入职引导
4. 第二次电话面试 考察候选人的领导能力、职业素养、企业文化认同程度	4. 给出评价 a. 在讨论之前,每个面试官分别从各个维度给候选人评分 b. 使候选人展开竞争		

亲密偏见练习

亲密偏见练习，也被称为"信任圈"练习。这个练习可以帮助你意识到潜在的、无意识的偏见，并且展示了亲密偏见是如何发挥作用的。这个练习已经被广泛用于各种组织的亲密偏见矫正。

具体做法是，每个团队成员在下方表格中写下自己最信任的 5 个人的名字及其特性。例如，用字母"F"指代这个人是女性。填写完成后，请团队成员思考自己写下的内容，并分享自己在这个过程中察觉到的信息。

姓名	性别	年龄	教育程度	性取向	缺陷	种族	社会经济地位	其他

具体到行为的面试问题

考察能力	问题
结果导向	目前你在职业生涯中做过的最有成就感的项目或者任务是什么？请介绍一下这个项目，说说你在其中扮演怎样的角色，判定这个项目成功的标准是什么？在过程中你犯过最大的错误是什么？
	请告诉我，你领导过的、对你的公司影响最大的项目是什么。
	请描述一个你在工作过程中遇到的意外阻碍，以及你是如何消除阻碍来达到甚至超越目标的。
完成工作的心态	请告诉我，你为改进工作流程而采取过的措施。你是否成功了？如果重来一次你会有什么不同的做法吗？
	请告诉我，你无法如期交付工作的一次经历。当时发生了什么？你认为原因是什么？
	你如何让自己对完成目标负责？如何让团队成员也能这么做？请告诉我，最近一次你的团队成员没有完成目标的经历。
情商/谦逊程度	你认为自己在过去的工作中最有价值的经验是什么？它会如何影响你未来的工作/决策方式？
	说说你经历过的最糟糕的一名管理者。你为什么觉得他很糟糕？你采取了哪些应对措施？
	你目前正在提升哪些能力或者技能？你是如何做的？你何时会需要同事的帮助来弥补这些不足之处？
	你在工作中遇到过最难的人际关系挑战是什么？
对下关系	回顾你的职业生涯，哪一名团队成员受你影响最大？由于你的管理和赋能，他今天在做什么工作？
	请举一个你为了员工违反规定的例子。当时为什么那么做？后来结果如何？
领导力	你的领导风格是怎样的？请用一个例子来说明你的风格是如何影响团队会议的。
	请描述一个你只能通过影响力而不是领导权威来促使大家完成具有挑战性的目标的情境，结果令你满意吗？
	你曾经面临的最严重的一次领导力危机是什么？你是如何处理的？它是如何改变你的领导方式的？

续表

考察能力	问题
反馈 & 表达异议的意愿	在你的职业生涯中，你受到过的最严重的批评是什么？它对你今天的工作方式有什么影响？
	请举一个你与首席执行官/直属领导意见相左的例子。你们为什么会有分歧？你采取了什么行动？
	到目前为止，你对这次面试有什么反馈？你会做出什么改变吗？
使命导向	你是否曾因为某个任务或者项目违背了企业的使命而拒绝执行？你是如何与首席执行官或直属领导沟通的？结果如何？
	你当前（或最近）所在公司的价值观是什么？你如何在日常工作中践行这些价值观？
团队管理	你是否有不得不解雇某名员工的经历？当时是什么情况？结果如何？
	你带领的团队是否有过方向跑偏或者工作效率低下的情况？你做出了哪些改变来帮助团队回到正轨？
	在过去一年中，你遇到过的最具挑战性的人际关系难题是什么？你是如何处理的？
	在与他人合作的过程中，让你最开心、最有效率的事情是什么？

新员工入职流程表

时间节点	待办事项	负责人	是否完成
新员工入职前一月至一周	发送录用通知书		
	福利概述		
	发送欢迎信		
	发放必读资料		
	签署合同		
	将员工信息输入人力资源系统		
	发放办公室钥匙／工牌		
	制作名片		
	创建邮箱账号并发送邮件提示		
	开通员工所需权限及相关账户		
	准备员工福利包		
	谈论岗位预期、目标和新项目		
	准备员工工位（办公桌、电话等）		
	提供一份工作描述		
	发送欢迎信（开始工作的日期和时间、着装规范等其他补充信息）		
	新入职素材包（员工指南、其他需要阅读的重要文件）		
	面试结束后，团队成员是否有更新		
	确定新员工已经在公司的会议邀请列表之中		

续表

时间节点	待办事项	负责人	是否完成
入职第一天	团队欢迎午餐		
	指定一个"导师",确保新员工可以向他了解所需要的信息		
	帮助新员工熟悉办公环境		
	发放员工钥匙/门禁卡		
	安排工位和办公设备		
	一起出去吃饭		
	开通账户、权限		
	让新员工与直属领导谈论岗位期待、目标和新项目		
	下班之前询问新员工今天是否有需要解决的问题		
入职第一周	简单介绍组织中的关键人物、关键客户和利益相关者		
	团队和组织架构概述,让新员工知道谁是谁		
	回顾最近交付的关键成果,回答新员工的问题;分享其他相关的背景信息(比如策略等)		
	审查正在进行的项目		
	分配第一个项目(最好第一天就分配)		
	说明第一个月的预期		
	让新员工与直属领导约定汇报成果的具体时间节点		
	指派"导师"		
	本周安排团队成员轮流共进午餐		
	周末来临之前询问本周是否有需要解决的问题		

续表

时间节点	待办事项	负责人	是否完成
入职第一个月	创建员工个人发展计划		
	让新员工参加相关入职培训（如重要合作伙伴展示、公司的价值观等）		
	与"导师"会面		
	对第一个月的绩效进行一次非正式审查		
	创建一份"会见名单"，让新员工与名单上的老员工逐一见面		
	收集关于入职流程的反馈		

团队成员心理安全感评估表

心理安全感在一定程度上反映了团队成员在工作中承担风险的意愿。它可以衡量团队成员之间的互信程度，使大家相信彼此不会牺牲他人来获取个人利益。

评估团队成员心理安全感	1代表"非常不认同" 5代表"非常认同"				
1. 我可以放心地在团队中承担风险	1	2	3	4	5
2. 我可以放心地提出问题，分享自己遇到的困难	1	2	3	4	5
3. 团队中没有人会故意破坏我的努力	1	2	3	4	5
4. 如果我在团队中犯错，情况会对我非常不利	1	2	3	4	5
5. 团队成员有时会因为他人与自己不同而排斥他人	1	2	3	4	5
6. 我很难向团队中的其他成员寻求帮助	1	2	3	4	5
7. 只有与团队成员一起合作，我的个人价值才能得到最大程度的发挥	1	2	3	4	5

资料来源：Edmondson, A. (1999). "Psychological safety and learning behavior in work teams." *Administrative Science Quarterly*, 44, 350–383.

团队规范表

我们是一支怎样的团队?
总体概述团队的目标与期望、实现目标的方法。
我们重视什么?

团队成员的职责
(信息记录、时间控制、全局领导者、制定/发送议程、工作协调等)
这些职责是否会发生变化?变化的频率是怎样的?

会议节奏&日程安排	会议结构和所需工具
	(如会议议程等)
	任务分配和后续行动

团队成员之间如何沟通?
・沟通机制（电子邮件、短消息、电话）
・回应期望

我们如何对彼此负责?
(比如，通过何种反馈方式?)

其他规范

工作维度审视表

请在每个维度中写下你的偏好,以及你对该偏好的重视程度。

组织	
规模	
发展阶段(是否稳定)	
所处行业	
营利/非营利	
企业文化与使命	

岗位	
职能范围	
职业技能发展	
团队&管理	
头衔&汇报对象	

生活诉求	
地理位置	
生活/工作的平衡	
薪酬	
其他福利待遇	
通勤&出差	

未来，属于终身学习者

我们正在亲历前所未有的变革——互联网改变了信息传递的方式，指数级技术快速发展并颠覆商业世界，人工智能正在侵占越来越多的人类领地。

面对这些变化，我们需要问自己：未来需要什么样的人才？

答案是，成为终身学习者。终身学习意味着永不停歇地追求全面的知识结构、强大的逻辑思考能力和敏锐的感知力。这是一种能够在不断变化中随时重建、更新认知体系的能力。阅读，无疑是帮助我们提高这种能力的最佳途径。

在充满不确定性的时代，答案并不总是简单地出现在书本之中。"读万卷书"不仅要亲自阅读、广泛阅读，也需要我们深入探索好书的内部世界，让知识不再局限于书本之中。

湛庐阅读 App: 与最聪明的人共同进化

我们现在推出全新的湛庐阅读 App，它将成为您在书本之外，践行终身学习的场所。

- 不用考虑"读什么"。这里汇集了湛庐所有纸质书、电子书、有声书和各种阅读服务。
- 可以学习"怎么读"。我们提供包括课程、精读班和讲书在内的全方位阅读解决方案。
- 谁来领读？您能最先了解到作者、译者、专家等大咖的前沿洞见，他们是高质量思想的源泉。
- 与谁共读？您将加入优秀的读者和终身学习者的行列，他们对阅读和学习具有持久的热情和源源不断的动力。

在湛庐阅读 App 首页，编辑为您精选了经典书目和优质音视频内容，每天早、中、晚更新，满足您不间断的阅读需求。

【特别专题】【主题书单】【人物特写】等原创专栏，提供专业、深度的解读和选书参考，回应社会议题，是您了解湛庐近千位重要作者思想的独家渠道。

在每本图书的详情页，您将通过深度导读栏目【专家视点】【深度访谈】和【书评】读懂、读透一本好书。

通过这个不设限的学习平台，您在任何时间、任何地点都能获得有价值的思想，并通过阅读实现终身学习。我们邀您共建一个与最聪明的人共同进化的社区，使其成为先进思想交汇的聚集地，这正是我们的使命和价值所在。

CHEERS

湛庐阅读 App
使用指南

读什么
- 纸质书
- 电子书
- 有声书

怎么读
- 课程
- 精读班
- 讲书
- 测一测
- 参考文献
- 图片资料

与谁共读
- 主题书单
- 特别专题
- 人物特写
- 日更专栏
- 编辑推荐

谁来领读
- 专家视点
- 深度访谈
- 书评
- 精彩视频

HERE COMES EVERYBODY

下载湛庐阅读 App
一站获取阅读服务

Bringing Up the Boss by Rachel Pacheco.

Copyright © 2021 by Rachel Pacheco.

Published by arrangement with BenBella Books, Inc., Folio Literary Management, LLC, and The Grayhawk Agency Ltd.

All rights reserved.

本书中文简体字版经授权在中华人民共和国境内独家出版发行。未经出版者书面许可，不得以任何方式抄袭、复制或节录本书中的任何部分。

版权所有，侵权必究。

图书在版编目（CIP）数据

新任管理者快速成长手册 ／（美）蕾切尔·帕切科
（Rachel Pacheco）著；宋瑶译． -- 杭州：浙江教育出
版社，2024.4
　　ISBN 978-7-5722-7721-4

Ⅰ．①新… Ⅱ．①蕾… ②宋… Ⅲ．①管理学—手册
Ⅳ．①C93-62

中国国家版本馆CIP数据核字(2024)第071963号

浙江省版权局
著作权合同登记号
图字：11-2024-085号

上架指导：管理／人才发展

版权所有，侵权必究
本书法律顾问　北京市盈科律师事务所　崔爽律师

新任管理者快速成长手册
XINREN GUANLIZHE KUAISU CHENGZHANG SHOUCE

[美] 蕾切尔·帕切科（Rachel Pacheco）著
宋瑶　译

责任编辑：刘姗姗
美术编辑：韩　波
责任校对：胡凯莉
责任印务：陈　沁
封面设计：张志浩

出版发行	浙江教育出版社（杭州市天目山路40号）
印　　刷	唐山富达印务有限公司
开　　本	710mm×965mm　1/16
印　　张	18.75
字　　数	284千字
版　　次	2024年4月第1版
印　　次	2024年4月第1次印刷
书　　号	ISBN 978-7-5722-7721-4
定　　价	109.90元

如发现印装质量问题，影响阅读，请致电 010-56676359 联系调换。